Fabulações de um velho criminalista

CIP-BRASIL. CATALOGAÇÃO NA FONTE
SINDICATO NACIONAL DOS EDITORES DE LIVROS, RJ

F411f

Fernandes, Paulo Sérgio Leite, 1935-
    Fabulações de um velho criminalista / Paulo Sérgio Leite Fernandes. - 1.ed. - São Paulo : Letras do Pensamento, 2011.
    264 p. ; 16x23 cm

    ISBN 978-85-62131-11-0

    1. Criminalística. 2. Processo penal. I. Título.

11-5575.
                                                CDU: 343.9

29.08.11   30.08.11   029134

Paulo Sérgio Leite Fernandes

Fabulações de um velho criminalista

1ª Edição | 2011 | São Paulo - SP

© Paulo Sérgio Leite Fernandes
© Letras Jurídicas Editora Ltda. – EPP

Arte da capa
Paulo Sérgio Leite Fernandes

Capa, projeto gráfico e diagramação
Rita Motta - www.editoratribo.blogspot.com

Revisão
Miriam Rachel Ansarah Russo Terayama

Editor
Cláudio P. Freire

Pinturas/Ilustrações
Paulo Sérgio Leite Fernandes

Foto do Autor
Juan Esteves

1ª Edição - 2011 - São Paulo – SP

Reservados a propriedade literária desta publicação
e todos os direitos para Língua Portuguesa pela
LETRAS DO PENSAMENTO Editora Ltda. – EPP

Tradução e reprodução proibidas, total ou parcialmente,
conforme a Lei nº 9.610, de 19 de fevereiro de 1998.

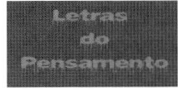

LETRAS DO PENSAMENTO
Rua Senador Feijó, 72 - 3º Andar - Sala 32 - Centro
CEP 01006-000 – São Paulo – SP
Telefone/Fax (11) 3107-6501 – Celular (11) 9352-5354
Site: www.letrasjuridicas.com.br
E-mail: vendas@letrasjuridicas.com.br

Impressão no Brasil

Para Gustavo Bayer,
excelente ator e filho querido.

CONSELHO EDITORIAL LETRAS DO PENSAMENTO

AGOSTINHO DOS SANTOS GIRALDES
CARLOS FERNANDO MATHIAS DE SOUZA
CINTIA DE FARIA PIMENTEL MARQUES
DIOGO TELLES AKASHI
EDUARDO HENRIQUE DE OLIVEIRA YOSHIKAWA
EDUARDO SALLES PIMENTA
ELIZABETE GORAIEB
FLÁVIO TARTUCCE
GUILHERME EDUARDO NOVARETTI
GUILHERME JOSÉ PURVIN DE FIGUEIREDO
ILDEU DE SOUZA CAMPOS
JOSE CARLOS MAGDALENA
JULYVER MODESTO DE ARAUJO
LAFAYETTE POZZOLI
LUIZ FERNANDO GAMA PELLEGRINI
MARIA CLARA OSUNA DIAZ FALAVIGNA
MARIA HELENA MARQUES BRACEIRO DANELUZZI
MARISTELA BASSO
MIRIAN GONÇALVES DILGUERIAN
NELTON AGUINALDO MORAES DOS SANTOS
NOBERTO OYA
OLGA INÊS TESSARI
PAULO RUBENS ATALLA
SÍRIO JWVER BELMENI

SUMÁRIO

9 — I
17 — II
21 — III
27 — IV
39 — V
43 — VI
47 — VII
54 — VIII
59 — IX
65 — X
71 — XI
77 — XII
83 — XIII
91 — XIV
95 — XV
103 — XVI
107 — XVII
117 — XVIII

123 — XIX
127 — XX
135 — XXI
143 — XXII
149 — XXIII
153 — XXIV
161 — XXV
167 — XXVI
173 — XXVII
177 — XXVIII
185 — XXIX
197 — XXX
207 — XXXI
213 — XXXII
221 — XXXIII
231 — XXXIV
241 — XXXV
253 — XXXVI

1

Hilda Hilst, segundo alguns, é escritora voltada à pornografia. Para outros, entre os quais me incluo, será guindada, nos quadrantes vindouros, à galeria dos melhores escritores brasileiros do século XX. Acredito sinceramente nisto, principalmente ao ler seus livros mais representativos, não só os de poesia, mas em prosa, sem exclusão daquelas obras ditas eróticas. Lembro-me de a ter visto, poucos meses antes da morte, caminhando por uma trilha no sítio – ou fazenda – onde morava, perto de Campinas. Dialogava com seu editor, ou agente, eu o conhecera talvez na Ordem dos Advogados, anteriormente, quando pretendia que a entidade se voltasse a publicar as obras da grande contista, missão impossível, pois aquela corporação profissional, essencialmente burguesa, nunca se disporia a concretizar a tarefa.

Hilst e o companheiro conversavam enquanto andavam. Falavam da gravação de um "CD" contendo as poesias da escritora. Disse ela ao moço, de repente, que ninguém se animaria a divulgar versos havidos como sujos. A mulher riu gostosamente e afirmou, muito irônica: – "Não faz mal, a gente põe uma tarja preta!".

Estranho, muito estranho, um velho criminalista iniciar suas memórias com a recordação de conversa advinda de escritora repudiada por boa parte da chamada burguesia intelectual. Começo com ela. Tenho nos meus guardados belo retrato seu, tirado nos idos de 1950, quando Hilst cursava a Faculdade de Direito do Largo de São Francisco. A fotografia mostrava uma jovem muito bonita, não só bela mas, segundo consta, livre e inspiradora, já naquela época, dos movimentos feministas que procuravam igualar homens e mulheres, no direito, na medicina e profissões diversas.

Não se surpreendam. Continuo, sem minudências, a falar de Hilda. A certa altura da vida, mais perto da morte, ela enfrentou a necessidade de se desvestir de pruridos citadinos e remoer na memória seus tempos de juventude, decepções e amores. Estes, realce-se, devem ter sido muitos. Escreveu bastante, enfrentou críticos e acadêmicos ortodoxos, desfez-se de preceitos colhidos aqui e ali enquanto envelhecia, viveu e morreu na expectativa de se perpetuar, vã esperança, pois, quando a bruxa vem, simplesmente carrega o escolhido, tirando-o às vezes de um pedaço de mundo exponencial e em outra cartada nem mesmo lhe privilegiando a memória, igualando-se na morte as duas alternativas.

Tenho em algum lugar, também, uma foto de Hemingway. Bonito homem, já beirando os cinquenta, forte, quase gordo, bigode espesso e cabelos mechados em grisalho, não prenunciando o disparo do fuzil com que se matou, um bêbado em decadência. Mais que viu, sentiu, enquanto se dedicava a explodir a carcaça num segundo fulminante, a inutilidade de viver quando não mais podia ou conseguia escrever algo como o "Por Quem os Sinos Dobram". Ao colocar aquele livro no mundo, não sabia do prêmio que receberia mais tarde, das mulheres que amaria ou que o amaram, dos amigos compartilhados em "olés" gritados nas praças de touros de Sevilha e Madrid. Matou-se prosaicamente, nunca devorado por um tigre ou lutando contra um leão, destruiu-se com um disparo de arma de caça, não na África, cenário ideal para o desvario romântico, mas no país que o viu nascer.

Diria o mesmo de mais uns tantos, famosos ou não, pouco importa, deixados à deriva pelo destino ou desafortunados nas esquinas, entristecidos na desesperança de não chegarem a lugar algum. Diria o mesmo do catador de papéis escorregando na ladeira íngreme, nervos e músculos tensos até o limite, disputando com a gravidade o direito à sobrevivência. Este outro não se extermina, usa a carroça, à noite, para se proteger da chuva, abraça o cachorro ou a companheira desdentada para quem puxou um pedaço de cobertor obtido no albergue ou no "prato de sopa", rejeita o refrão da música do poeta popular, não quer "morrer na contramão atrapalhando o trânsito". Disputa o papelão achado na porta da loja de utilitários domésticos, cura a dor de dentes com cerumim vencido oferecido pelo farmacêutico piedoso, xinga, chora, ama ou odeia, mas não se mata. O suicídio não é a rotina do "Orfeu Negro", favelado só se destrói quando viciado em crack vagabundo ou cocaína farinhada, a fome não lhe serve de motivo para ingerir o chumbinho, raticida eficaz na competição com as ratazanas que serpenteiam no canto das malocas. Vi um desses bichos um dia. Têm cara de maus, sempre pensamos neles como fêmeas, é esquisito, nunca dizemos "os", sempre "as", deve haver alguma razão para tanto, embora não seja importante descobri-la aqui.

Mendigos também têm câncer, obviamente, limpam-no nas enfermarias dos hospitais de periferia antes das cirurgias incompetentes e inoperantes, atividades merecedoras de estipêndio do Sistema Único de Saúde, meritórias por certo, sim, pois indolores na anestesia misericordiosa com que mandam o indigente desta para melhor.

Não me referia ao Vice-Presidente da República, doente sim, paciente em experimento cirúrgico assemelhado àquele que reuniu vinte ou mais médicos em torno de um rei de França, séculos atrás, todos a lhe introduzirem pinças e poções que só lhe aumentaram o sofrimento. Mendigos morrem depressa, creio; damas, nobres e duquesas se vão devagar, mas os fados escolhem um ou outro perfumado cidadão e o põem dentro de uma aeronave que o projeta ao mar, sem aviso qualquer, não como "Hart Crane", de Vinicius de Moraes, mas sempre comido pelos peixes famintos imersos na imensidão cinzenta recortada no oceano gosmento da quase congelação.

Miseráveis esquálidos, nobres embandeirados, presidentes de países importantes e mesmo intelectuais famosos prestam contas à harpia cruel. Boa parte tem os ventres abertos por cirurgiões atentos que lhes catam metástases análogas a bolinhas de gude espalhadas dentro de um saco vermelho e malcheiroso. Qual é, no fim das contas, o organograma regulador da necessidade ou conveniência de viver... assisti a um filme, certa vez, em que havia uma nave espacial habitada por centenas de pessoas. Chegando à idade de Cristo, os astronautas se submetiam a uma sorte de batismo. Entravam num círculo de luz e desapareciam. Descobriu-se, então, cuidar-se de uma espécie de incinerador gigante. Não havia comida suficiente para a população que aumentava sempre. O excesso demográfico levaria os habitantes à inanição. Mantinha-se o equilíbrio com tal artifício. Evidentemente, houve revolta e coisas afins.

Hoje de manhã, não sei por quais cargas d´água, me lembrei de período compreendido na primeira idade. Há gente que se recorda de acontecimentos remotíssimos. Eu não. Mas na madrugada me surgiu no pensamento uma criança dourada, cabelos encaracolados ralando os ombros, sentada em carrinho puxado a bode, num parque chamado "Jardim dos Macacos", em Poços de Caldas. Um menino tímido, medroso, posto à força naquele triciclo, parece. Até agora sinto repulsa por carroças, bicicletas e roda-gigante, sem exceção daquele algodão doce que empapuça a cara da gente, embora haja quem se delicie com a brincadeira. Eu estava lá, é claro, metido na geringonça assemelhada a outra na qual também entrei, esta última constituía um caixote sem rodas. Um amiguinho mais esperto e fabulador me convencera de que se tratava de um avião. Faltava gasolina mas ele a traria logo, iria buscá-la adiante. Tivesse paciência, eu logo voaria até as nuvens ou aterrissaria no quintal da minha casa...

Fiquei sentadinho ali mais de uma hora, mitômano precoce mas autêntico, esperando o combustível que, é claro, não veio. Até agora, entretanto, me imagino dentro daquela caixa, aguardando o momento de decolar. Deve haver uma ligação qualquer com a barca das vontades do padre voador, em "Memorial do Convento", aquela embarcação alçava voo impulsionada pelo querer dos escolhidos.

Tratava-se, minha infância, de um tempo curioso. Aliás, todos os tempos são assim, se trágicos não forem. Não havia televisão. A primeira emissora chegou ao Brasil com Assis Chateaubriand, o mesmo que empreendeu a edificação do Museu de Arte de São Paulo, projeto de Lina Bo Bardi, aprontando o inspirador algumas extravagâncias, conta a crônica, na aquisição de obras de arte de valor discutível. Dono dos

Diários Associados, não tinha muito respeito pelo fisco. Parece que tal desprezo é defeito dos homens antigos. Eu também detesto os fiscais do rei, à maneira dos camponeses que resistiam aos senhores feudais e ao xerife de Nottinghan. Machuco-me cada vez mais, não existe qualquer Robin Hood para me salvar.

Parece que numa cerimônia à qual compareceu a rainha da Inglaterra (Elizabeth inaugurou o Masp), Assis Chateaubriand, com problemas urinários, meteu um tubo na genitália e o ligou a uma garrafa de coca-cola amarrada numa das pernas. Deve ser mentira, mas a veracidade do resto também não é muito confiável.

II

Não havia televisão à época, repita-se. Ela chegou com a rede Tupy. Na minha casa, mesmo, não tínhamos receptor. Vi TV pela primeira vez na sala de visitas de um vizinho rico. Aparecia em preto e branco e acontecia em horários determinados. Havia uns programas de auditório com Dircinha Batista e muitos atores famosos. Dick Farney, quem sabe, estava por lá. A voz de veludo: – "Você já teve na vida um caso, uma loira, pois eu, eu tive também. Uma loira é um frasco de perfume que evapora..." e assim por diante. Pelé surgiu muito depois. Confundo-me com as datas, de repente misturo tudo, mas o moço, merecendo destaque atualmente por ser atleta do século, morava numa pensão na Avenida Bernardino de Campos, em Santos. Eu o vi na praia certa vez. Adiante, muito adiante, virou meu cliente. Deixou fotografia comigo: "Ao doutor Paulo Sérgio, do Edson Pelé", deve estar numa gaveta de recordações, aquela foto, ia pô-la na minha galeria, ao lado de Fernando Henrique, rei do Brasil, meu confinante em Ibiúna, e Mário Covas, que me deu um diploma qualquer, quando prefeito de São Paulo, numa solenidade havida num teatro, não sei mais qual a efeméride e qual a comenda, deve ser alguma coisa ligada a cidadão paulista ou quejandos, perdi o papel, mereceria estar ao lado do certificado da "Bucha", também valioso, pois outorgado a quem não se formou na academia.

Foi em 1950, depois da guerra certamente, a dita segunda conflagração mundial terminou em 1945, não me lembro de coisa alguma referente a ela, exceção feita a um dia em que vi cortinas de pano preto nas janelas, tínhamos medo de que bombardeiros nazistas atacassem Santos. Entramos na briga depois do afundamento do navio Baependi, há gente afirmando que os americanos, sim, o torpedearam, pretextando terem sido os alemães, forçando o Brasil, então, à declaração de beligerância ao lado dos comedores de hambúrgueres.

Outro dia fui a Natal. A base aérea nos foi legada pelos americanos do norte. O governo brasileiro permitira aquilo, um território preciosíssimo para os aviadores poderem atingir os nazistas.

Da guerra, como lembrança, foi o que me sobrou. Outra coisa: visitei um tio que voltava da Itália, servindo à Força Expedicionária, em Monte Cassino. Antes de partir, os americanos lhe haviam retirado uns dentes e substituído fardamento, mais coturnos. Fazia frio na zona de batalha. Os brasileiros morreriam gelados. Meu parente voltou com neurose de guerra (todos chegavam com neurose). Trouxe uma cruz de ferro alemã, descosturada do peito de um oficial morto. Não disse que havia atirado em alguém, mas liguei as coisas depois de assistir, há pouco, ao filme "Torino 72", com Clint Eastwood no papel principal. Ele é parecido com meu familiar herói de Monte Cassino, ou pelo menos assim achei. Quando vi o major retornando, eu tinha dez anos.

A memória, para o septuagenário, chega deformadamente à consciência. Recordo-me de um dirigível alemão (o Zeppelin?) passando baixinho sobre o mar, em Santos, a suástica pintada no dorso. Isso aconteceu naquela época. A reminiscência fica bailando num canto qualquer do cérebro, mas o dirigível estava por lá, com certeza.

Uma infância ruim, eu tive. Metido atrás de um guarda-roupa que me separava das camas de duas irmãs, pouco me sobrava de privacidade no restolho do quarto pequeno. Terceiro filho, sobra de tacho, o menino veio ao mundo por descuido da camisinha (não havia anticoncepcionais químicos), ninguém era de ferro para buscá-la na drogaria da esquina às 21 horas de uma noite fria. "Seu Zezinho", o farmacêutico quase médico, vendia o "condom" com aquele ar meio zombeteiro, um leve sorriso a lhe arquear o lábio à esquerda, provavelmente sofrera um derrame pouco significativo. Meu pai era homem bonito, sétimo dos onze filhos feitos pelo espanhol vindo ao Brasil depois da primeira guerra, encostando o corpo em Pouso Alegre, Sul de Minas Gerais, para trabalhar no plantio e colheita do café. Celestino deveria ter sido merceeiro, porque o patriarca, cansado da lavoura, montara um armazém por ali, próximo a uma casa de comércio mantida por um tal de "Moreira Salles", casado com Lucrécia, dono, mais tarde, do Banco donde proveio o Unibanco, fazendo de um dos filhos, embaixador e do neto, um cineasta conhecido. Meu pai preferiu tocar violino no cinema mudo, repetindo as músicas todas as tardes dos sábados e domingos (Pola Negri e outras?). Ali conheceu minha mãe, mineira de Guaxupé, vigiada pelas tias que a traziam da fazenda.

A infância foi ruim mesmo. Poucas alegrias, economia estritamente dedicada à sobrevivência, um ou outro coleguinha rico cujas famílias me pediam de empréstimo para fazer companhia aos filhos solitários. Eu calçava sapatos furados e solado protegido por jornais. Certo dia, minha mãe Alice, muito diferenciada intelectualmente mas analogamente extravagante, adaptou um par de calçados de uma irmã para meu uso. Obviamente, a corruptela foi descoberta no colégio.

Passei vergonha enorme. Alice teve comportamentos assemelhados. Lembro-me de ela ter feito um terno para que eu fosse a uma festa. Fiquei ridículo naquilo, mas o usei, escondendo-me nos cantos para não ser percebido naquela roupa originalíssima.

    Coisas complicadas, a infância e a adolescência deste velho flibusteiro. Não sei qual das duas foi pior. Aos dezesseis, era uma espécie de patinho feio, sem amigos ou namoradas. Não se dirá que não as procurei. Houve uns dois achegos, sim, mas tremendamente decepcionantes. Uma das moças tinha o pai massagista filipino. Forte como uma chimpanzé, quando agarrava não largava fácil. Não havendo alternativa, suportava aquele calvário; no fim das contas, havia certo prazer masoquista naquele amassamento.

    Isso aconteceu há sessenta anos, chegando à memória meio enevoado pela anterioridade e pela distorção natural da imaginação. Nunca, enquanto jovem ou mal chegado à maturidade, tive sorte com mulheres. Magro demais, cheirando a cigarro que fumava desde os quatorze, comprados na padaria com dinheiro furtado dos bolsos do meu pai ou de um cofrezinho fornecido pelo Banco, provido de lingueta que eu desarticulava agilmente a poder do escorregão de uma faca de cozinha, cigarros ruins sim, Selma, Marlboro, Elmo, enfim, Hollywood era o melhor, havia o Continental com ou sem filtro, eu os sugava todos, a ponto de mais além devorar quatro ou cinco maços por dia, que não sorvia inteiros, mas sempre acendia um na bagana do outro. Um cabelo amarelado, a roupa tinha furos de brasa, as unhas exibiam cor sépia produzida pelo sumo daqueles canudos em brasa.

    Deixei de fumar aos cinquenta. Minha segunda mulher estava doente. Nunca fui muito de missa, mas todo fabulador é místico. Fui à igreja e prometi: "Se ela se salvar, parto para a abstinência". Cumpri. Nunca mais pus cigarro na boca, mas vou pô-lo sim, na hora de morrer, mando tirar os médicos do quarto (ou da UTI), retiro as mangueiras das narinas, peço uma dose de whisky, dou uma boa tragada e pronto! Chego aonde tiver de chegar com aquela bendita fumacinha no pulmão. Bochecho antes para tirar o olor ruim que sinto no carro depois de algum fumante ali entrar, limpo a boca, afinal Deus não há de querer sentir aquele bafo azedo deixado pelo alcatrão e outras substâncias mefíticas que o cigarro traz, ou então Nossa Senhora está por lá ocasionalmente, intercedendo por quem ultrapassa os portais carregando no sovaco um currículo duvidoso. Do meu lado, creio ter qualidades positivas para não ser recusado, um tempo no purgatório, quem sabe, vá lá, mas nunca fiz mal grave. Minto, ou fabulo, posso ter escorregado aqui e ali num incidente sem importância que não será levado em consideração pelo Criador. Aliás, todo mundo que chega ao céu deve ficar apavorado com aquelas bobagens que os sacerdotes insistiam em reprimir na gente. Por exemplo, a punheta, conhecida como masturbação. Há uma canção de Chico, o Buarque, e Edu Lobo, contendo um verso mais ou menos assim: – "Procurando bem, todo mundo tem pereba, só a bailarina que não tem". Pois bem, todo homem bate ou bateu punheta. Fui punheteiro numa determinada época, a partir da primeira vez, na banheira de casa, eu garoto ainda, percebendo uma gosma esbranquiçada saindo do pinto, tudo misturado num prazer imenso acompanhado por uma dor esquisita que vinha lá de cima do peito. Aquela mancha clara ficou meio que boiando na água quente. Daí à frente, gostei. Não me tornei um masturbador compulsivo, mas não me acanhava muito quando tinha vontades. Há quem tome Prozac, Valium, Librium e substâncias parecidas quando fica nervoso ou estressado (expressão muito em voga). Nunca ingeri tais pastilhas. Batia uma punheta, gozava e pronto! Sossegava. Partia para o cumprimento das obrigações mais equilibrado. Dizem que Clinton é punheteiro, Kadaffi com certeza o é, Salvador Dalí praticava o onanismo, com ou sem Gala. Lincoln, afirma-se, tinha simpatia pelo gênero. Percebe-se que não fiquei sozinho. E daí? A expressão "E daí" faz parte ativa do meu vocabulário desde o dia em que encontrei Plínio Marcos num jantar ou festa parecida. Ele estava com um amigo comum. Eu quis ser simpático e disse que o vira fazendo uma peça num circo, alguma coisa de Procópio Ferreira, na mocidade. O gajo apenas me olhou e disse: – "E daí?" A partir daquele instante fiquei sem gostar dele, apesar das peças que produziu... talvez tivesse razão em dizer "e daí", mas tenho o direito à empatia e à antipatia. Plínio morreu. E daí?

Alguém, segundo notícias colhidas recentemente em jornais, descobriu escritos de Hemingway num baú velho posto no porão de casa que o escritor ocupara em Havana, enquanto amigo de Fidel Castro. Parece que aqueles escritos contêm reflexões não muito simpáticas ao ditador cubano. Essa história de encontro de obras encaixotadas não cola muito. Às vezes os descendentes aproveitam textos rejeitados e encomendam um "rocambole" a algum escritor fantasma, obtendo lucros razoáveis com a fraude. É ver para crer...

Sabem todos que Ernest, correspondente de guerra dos Estados Unidos enquanto havia, na Espanha, a trágica luta em que os alemães experimentavam sua aviação no antepasto do segundo conflito mundial, é exemplo certo de criatura a se destruir aos poucos, evitando, a certa altura, o apodrecimento psíquico ao dar um tiro de fuzil na boca (ou no peito, fica melhor!). Isso acontece. Há poucos dias, Keith Carradine, o "Kung Fu" (lembrem-se de "Kill Bill"), fez coisa análoga, enforcando-se dentro de um armário a três dias do término de um filme. Amante de mulheres famosas, caçador de animais selvagens, enfrentador de riscos diversos, grande bebedor, o Prêmio Pulitzer viria a ser uma espécie bruta de um Harrison Ford, o cara de bebê chorão, naquelas aventuras que o tornaram herói de fancaria. Não esqueço "Por Quem os Sinos Dobram", que eu li quando adolescente e assisti na tela da televisão em casa, personalizado por Gary Cooper e atriz cujo nome esqueci, em preto e branco e cenas postas em planos gerais, não aquelas saltitantes de um ator para outro, em focos individuais, como se faz atualmente. Àquela altura, perseguição a cavalo mostrava mocinhos e bandidos cavalgando belas montarias, nunca uma corrida em que o herói se faz pintar metade sobre um animal constituído, quem sabe, por artefato de madeira movimentado por motorzinho suportando o traseiro do personagem (vem-me a imagem parafraseando Goya enquanto retratava a Rainha de Espanha montada num ginete de pau). Não, os sinos de Hemingway são expressão quase verdadeira das atrocidades da guerra civil espanhola, perenizada em "Guernica".

Dentro da turbulenta vida de Ernest, "O Velho e o Mar" aparece incidentalmente. Lembro-me, muito depois, de "O Prêmio", história de um escritor laureado com o "Nobel" de literatura após degenerescência que o transformara em ébrio irrecuperável. É como se nossa história fosse repetitiva. Mantêm-se uns poucos hígidos e produtivos até o fim da vida, e aqueles outros se martirizam, açoitam-se, batem as cabeças nos muros das lamentações, jogam fora dinheiros à maneira de Lord Byron, que tinha uma pia repleta de moedas no "hall" da residência para que os amigos se servissem à chegada ou despedida. Os bustos de bronze, lembranças tardias, chegam às praças e escondem misericordiosamente, nas homenagens, as mazelas dos protagonistas. Rememore-se aqui, em ligação efêmera e aparentemente despropositada, a figura de Dante Delmanto, ilustríssimo colega de especialidade, dos maiores criminalistas que o Brasil já produziu. Fiz-lhe o busto, encomendando-o a Pedro Pinkausky e sua mulher, dois escultores paulistas categorizados. Fomos reproduzindo a imagem a poder de fotografias trazidas pela família. Um retoque aqui, um afilamento ali, a finalização, feita à moda clássica (fundição na terra) exibiu alguém, não o Delmanto que eu vi, mas outro, o moço, bem diferente do ancião que inumamos mais tarde. Aliás, nem sei se fui ao enterro, quando gosto demais do defunto não quero vê-lo na horizontal. O último, semana passada, só ganhou um olhar meu de soslaio. Waldir Troncoso Peres, o espanhol, orador dos maiores, feio, magro, mas um verdadeiro sedutor quando falava. Fiz-lhe a oração fúnebre na igreja Nossa Senhora do Brasil, aquela na confluência das avenidas 9 de Julho e Brasil, plateia cheia sim Senhor, é difícil falar em templo religioso, Deus está atrás vigiando pra gente não mentir, os pecadilhos vêm à cabeça, fui escolhido, enfim, para solucionar uma briga política entre várias facções da OAB, muitos queriam a tarefa, afinal não é todo dia que se fala no templo católico mais importante de São Paulo... fiz discurso curto mas bonito. Coloquei Troncoso Peres de toga branca no céu, ao lado de São Pedro, defendendo os colegas que chegavam, posto merecido porque, se pecados aquele criminalista teve, purgou-os no fim da vida, uma velhice muito sofrida. A propósito, relembro Clarence Darow, irlandês queixudo que defendeu, inclusive, o assassino do filho de Lindenberg, na América do Norte. Os jornais comentavam que ele estava nas últimas. Os jornalistas se apertaram em torno do leito para lhe ouvirem as últimas palavras. Só disse bobagem. Vi, faz pouco tempo, outro defuntante. Germinal é o nome dele, Germinal de Emile Zola, edição masculina, certamente, lido por poucos mas preservado na memória de quem o leu. Um bom advogado, criminalista competente, desafortunado também, pois muitos são os chamados e poucos os escolhidos, não é mesmo? Germinal estava esticado no caixão, vestindo um dos dois ternos que tinha. Em vida, gostara muito de mulher. Havia umas três no velório, mais alguns filhos de um ou de outro casamento. Alguém lhe fizera a barba em metade. Fiquei com muita raiva. Chamei a família. Não havia quem coçasse o bolso para pagar o enterro. O administrador do cemitério estava nervoso. Dezessete horas, depois só no dia seguinte... dei um ultimato: ou escanhoavam o infeliz ou eu não quitaria o caixão e acessórios. Foram comprar uma lâmina na farmácia e terminaram o serviço. Meu afilhado se foi cheirando a sabão de barba.

Quantas estátuas de bronze há por aí? Montes delas enfeitam ou enfeiam praças e jardins, em São Paulo e municípios diversos. Presto atenção, sempre, num casal entronizado na frente da Faculdade de Direito do Largo de São Francisco, escola que não frequentei (conheço-lhe os segredos centenários melhor que a maioria). Aquilo foi produzido com sobras de metal destinado, originalmente, a uma estátua de Clóvis Bevilacqua que, por sua vez, deu origem a outra, do Duque de Caxias, posta lá embaixo, junto à Tiradentes, sobre uma estrutura de concreto. Os estudantes não gostavam do jurista. Resultou disso, então, a divisão. Os dois amantes enlaçados na praça da Faculdade de

Direito não constituem, diga-se de passagem, obra a enaltecer. Há uma distonia entre o homem e a mulher, uma diferença de montagem, a escultura não ficou dessas coisas.

Há estátuas de Emile Zola, Voltaire, Da Vinci, Pablo Picasso, Bach, Mozart, Einstein, milhares delas estão espalhadas pelo mundo, isso sem contar aquelas destruídas à mudança de um para outro regime político. Pitorescamente, pretendeu-se erigir aqui em São Paulo um marco representativo do assassinato de Wladimir Herzog. Chegou-se a levar a cabo o projeto, mas consta que os circunvizinhos não o admitiram. No fim das contas, um mártir, uma vítima das circunstâncias ou um descuido. A partir daquilo o Brasil mudou de rumo. Escrevi um artigo, logo em seguida, sob o nome "Brasil, antes e depois de Herzog". Falava de Joaquim José da Silva Xavier, o "Tiradentes", mestiço certamente e o único sacrificado depois do fracasso da mineirice inconfidente. Os demais insurrectos se pouparam da pena capital, pois filhos de famílias abonadas ou com bons contatos políticos. Quando escrevi a crônica, o "Jornal do Advogado" ficou retido numa sala da OAB até que permitissem a divulgação, inútil esperança. Parte daquela edição foi surrupiada por nós, à noite, sendo distribuída em Santos e Campinas. Centenas de exemplares restaram apreendidas pela polícia no trajeto para a baixada santista. São particularidades pouco conhecidas. Sobraram algumas históricas amostras.

Veja-se a extravagância: começa-se a falar em estátuas de bronze e, numa associação de ideias, acaba-se cuidando de Tiradentes e Wladimir Herzog. Era o tempo em que o general Ednardo D'Ávila Mello mandava no 2º Exército, sendo destronado após o assassinato do jornalista. Lembro-me bem daquela manhã, houve estrépito enorme depois da descoberta do cadáver. Herzog, de certa forma, protegeu, depois de morto, muitos advogados e ativistas políticos perseguidos pelo regime. Eu mesmo levei ao "Doi Codi" o moço Júlio Fernando Toledo Teixeira, fugido na Bahia e perseguido pela polícia política. Fomos muito bem tratados, é claro, depois de declarações insossas prestadas pelo rapaz. Júlio Fernando exibia personalidade extremamente talentosa. Escapou à tortura e à morte ali, falecendo domesticamente numa praia tórrida, no meio de uma partida de futebol disputada na areia fervente após uma feijoada.

As estátuas servem à rememoração, mas ilustram igualmente a alegria dos netos e os ninhos de pardais. É assim e assim não é, pois os que vêm depois se orgulham da efígie patriarcal situada na praça do vilarejo ou no átrio da catedral do Vaticano.

Homens ilustres conseguem, rotineiramente, esconder seus defeitos ou ser desculpados, é verdade, assumindo tais qualidades negativas a condição de excentricidades aceitáveis até. Exemplo bastante é Bill Clinton, ultrapassando incidente erótico divulgado no mundo inteiro, um presidente da maior nação do mundo roçando lascivamente as carnes e o vestido de roliça estagiária da Casa Branca, relicário ciosamente guardado pela mãe da moça, para que não negassem a autenticidade da prova produzida. A superação do fenômeno, pontualmente acolitada pela primeira dama, tornou esta última, agora, a mulher mais poderosa do universo, fazendo coro a Condoleezza e a Margaret Tatchter. A primeira é insossa, a segunda não se disporia ao perdão. E era feia. A Secretária de Estado de Obama, penteada a caráter e convencida da relevância de suas funções, tem jeito de americana típica, aquela que fazia parte de torcida uniformizada e dançava o hully gully nos bailes da universidade. Deve ter sido atraente. Tem, no presente, traços do que foi. Gosto dela, mesmo que meu gostar não mude coisa alguma na fixação da data da retirada dos americanos do território iraquiano. Simpatizo com a Ministra. E pronto.

Falando em mulheres, não me esqueço de Lenita, personagem de um dos romances que escrevi, com outro nome, certamente, ou talvez com o mesmo, nunca o reli depois de editado... digo o título da obra, chama-se "Dolores"... foi a primeira mulher que conheci de perto, na cama. Ainda era o tempo do carteado, nos hotéis de boa cepa. Eu, garotão, ficava do outro lado da rua, aguardando o fim do jogo. Fascinavam-me aquelas moças que usavam vestidos longos repletos da lantejoulas rebrilhando à luz das lâmpadas da rua ou mesmo ao reflexo do luar nas noites cheias de verão. Uma delas era Lenita, cheia de corpo, já com seus trinta e poucos anos, bonita sim, soube depois que era amante de dois homens importantes, um não sabendo do outro, mas se soubessem pouco importava, eram cavalheiros experientes aos quais não escapava um trejeito a mais da moça, enquanto se comiam, ou comportamento sutilmente diferente depois do sexo. Mulheres não percebem tais mudanças nos machos, mas a estes não escapam pequenas novidades, um carinho original, quem sabe, um mordiscar esperto no beijo de língua, só não percebe quem não quer.

Lenita saía do jogo lá pelas quatro da madrugada. Olhava-me da outra calçada e tomava um táxi, sem atenção maior. Eu me desesperava, sim, jejuno naquele jogo complicado, mas sempre esperançoso do surgimento do milagre que aconteceu, vejam só. Era a madrugada de um verão cheio. A moça, despedindo-se de alguém, abriu a porta do costumeiro carro de praça mas, antes de entrar, me fez um pequeno sinal de chamamento. Eu tremi sim, juro que o corpo inteiro se sacudiu, mas não recuei. Atravessei a rua e me acomodei ao lado da criatura. Sem uma palavra entre os dois, chegamos a um apartamento dos muitos que havia à beira dos jardins que separavam a cidade do mar. O lugar era pequeno, mas acolhedor. Lembro-me de um abat-jour lilás, como na canção popular. Lenita foi ao banheiro e voltou, já sem roupa. Apenas uma toalha de banho a protegia da nudês total. Foi a primeira vez em que vi mulher adulta totalmente limpa de vestuário. Seios bonitos, dois botões rosados no centro, discretos e bem-feitos, um ventre ainda chato sem sinais de gravidez, coxas e nádegas não estriadas, bons dentes (naquele tempo não havia ortodontistas, não era como hoje, em que mesmo entre jovens faveladas a dentição é boa), Lenita justificava a mancebia dupla mantida com os velhos coronéis. Encurte-se a história: aquela criatura, durante bom tempo a partir dali, me ensinou tudo o que sei sobre as artes do amor, cumprindo dizer que nunca fui, no futuro, melhor do que era em adolescente.

Aquilo terminou de repente, mas teve prolongamento dramático. Trinta anos depois, entrou-me pelo escritório uma criatura desgrenhada, parecendo aquela que voa numa vassoura nos pesadelos infantis. Não a reconheci, digo apenas que tinha certa semelhança com figura memorizada do passado. Havia uma espátula sobre a mesa de trabalho. A megera espraiou o corpanzil no tampo, colheu a lâmina com a mão direita e gritou: – " Comeu a carne, vai roer o osso!".

O episódio deu um trabalhão. Como sempre, o dinheiro resolveu tudo. Costumo dizer que a moeda administra até o câncer, porque permite aquisição fácil de morfina. Dói menos...

Aquela moça, no romance já referido, faz a prostituta que divulga as preferências sexuais do capataz do campo de "coca", na Bolívia, recebendo de castigo uma navalhada no rosto. A cicatriz diagonal, passando sobre o nariz, o deixou assemelhado à deformação de lápis posto dentro de um copo d´àgua. A psicanálise explica a criação da imagem.

Minha história com Lenita ainda não terminou naquilo. Anos adiante, encontrei um velho conhecido ao lado de um pontilhão que dava para pequeno morro levando a uma fazendola que eu já visitara. Desci do automóvel e fui cumprimentar o homem. Vi-lhe no pulso um relógio velho, mas raríssimo, que não tinha ponteiros mas apenas dois cristais imitando diamantes. Tratava-se do único presente que eu havia deixado com a moça, naquela mesma juventude, na despedida. Perguntei a Olívio (era o nome dele) a origem daquela coisa. Ele gaguejou e disse alguma coisa parecida com contrabando... desviou aqueles olhos azuis que o faziam especial na mocidade e não disse mais sobre o assunto. Desconversou. Saí dali com a certeza de que, lá atrás, eu ainda dividia os lençóis com outro alguém...

Olhos azuis tinha o Olívio, sim, não pensem errado, há uma época na vida em que se pode dizer, sem suspeita alguma, que um homem é bonito. Para mim, agora, gente é como bicho. Desconfio, aos setenta e poucos anos, que algum incidente biopsíquico esteja acontecendo comigo. Ontem, encontrei na rua uma pessoa que eu conhecia bastante, mas precisei fazer muito esforço para "formatar" na consciência a relação entre o visual e a correspondência prefixada no cérebro. Dizem que há uma doença mental em que a pessoa perde a capacidade de identificar rostos. Se houver, eu deveria ficar preocupado, embora pouco se possa fazer em sentido de correção do fenômeno.

Entenda-se a possível disparidade posta nos parágrafos vencidos. Escrevi lá atrás que me conduziria numa associação livre de ideias. Dentro do contexto, Lenita lembrou Olívio, que me levou novamente de volta ao meu primeiro amor de cama. Saio dos colchões e retorno ao pulso do patriarca portador de olhos azuis-violeta, são as cores do famoso visual de Elizabeth Taylor, Entenda-se a possível disparidade posta nos parágrafos vencidos. Escrevi lá atrás que me conduziria numa associação livre. Lembro-me dela filmando com aquele que meteu um Porsche na estrada e se matou impactantemente, era uma história de um moço sem eira nem beira que descobre petróleo num pedaço de deserto recebido do patrão (Rock Hudson era gay, mas quem liga?). Daí, pelo que me recordo, o moço belisca a Taylor ("Assim Caminha a Humanidade"). É claro que no filme os personagens têm nomes diferentes, mas foi assim.

O cérebro é, realmente, máquina maravilhosa. Veja-se: os olhos azuis do flibusteiro Olívio passaram ao episódio James Dean. Este, de seu lado, há de me conduzir a Henry Fonda, naquele épico do faroeste dirigido por Sergio Leone ("Era uma vez no Oeste"). Fonda contracena com Charles Bronson e Claudia Cardinale. Olhão bonito o dele, colhido de perto no fim de outro duelo muito famoso no cinema, foi a tiros, mas não é o visual, agora, que me atrai o pensamento. Recordo-me dos dois sobreviventes, Bronson e Jason Robards, abandonando a Cardinale, pois não conseguem ter vida de família. Jason, na despedida, dá uma bela palmada no traseiro da heroína, aconselhando-a a levar água aos trabalhadores que fixavam, ali perto, os trilhos da ferrovia. E diz mais ou menos assim: – "Se lhe meterem um tapa na bunda, finja que não percebe. Os homens ficam orgulhosos e felizes quando veem mulher alegre e bonita como você".

Vem isso a propósito. De vez em quando, enquanto me despeço, na intimidade, de amiga que está triste, meto-lhe a mão nas nádegas, sem lascívia e com alguma força. Ao movimento de surpresa, digo-lhe apenas, sorrindo: – "Finja que não aconteceu nada. "Machos velhos ficam orgulhosos e felizes depois disto!".

É claro que a vítima do despropósito há de ser muito próxima, pois a conduta, hoje em dia, é havida no mínimo como ultraje ao pudor. Dá cadeia!

Destaquem-se na modernidade criaturas que fizeram da vida um estrépito rocambolesco, expondo-se por qualidades e defeitos múltiplos. Michel Foucault, dos maiores filósofos contemporâneos, morreu de AIDS. Afirma-se que Jean Paul Sartre praticou o suicídio. Nixon se despiu do governo, depois de escândalo político conhecido como Watergate, de resto noticiado universalmente. Para não se dizer que não falei de flores, escolha-se, no Brasil, o presidente João Goulart, caído em desgraça na antevéspera do golpe de Estado que implantou a ditadura de 1964. Recordo-me, é bom notar, de musiquinha feita pelo ainda esperto Juca Chaves: "Dona Maria Tereza, diga ao seu Jango Goulart, lugar de feijão é na mesa, Lacerda naquele lugar!". Fez outra para Juscelino Kubistchek: "Brasil entrou na guerra, comprou porta-aviões, mas que ladrões..."! Pobre "Juçá", a nação se prepara à aquisição de alguns submarinos, e não há quem diga alguma coisa em contrário.

Há, entretanto, aqueles que subsistem burguesmente, destacando-se o já falado Saramago que gostava de um bacalhau ao forno e de um bom vinho branco a acompanhar os quitutes. E era homem normal...

Falando de bacalhau, evoco cena plenamente fixada na memória. Certa vez, ligando-me efemeramente a uma facção da Anistia Internacional, procurei ajudar na soltura de alguém que estava preso num país autoritário. Fiz uns pedidos e esqueci o problema. Meses depois fui convidado a um jantar, em São Paulo, pelos familiares daquele encarcerado. Provavelmente sem mínima dependência dos meus esforços, a criatura fora solta e estava por aqui. Recusar o convite seria uma deselegância. Fui. Todos os envolvidos, desde os velhos às crianças, estavam à mesa. Serviram-me um bacalhau ao forno maravilhosamente preparado, com ovos cozidos e banana da terra, tostadinhas as porções na superfície (Alice, minha mãe, fazia igual). Até aí, não sendo um glutão, preocupei-me em participar da conversa em torno da mesa enorme armada no quintal de uma casa velha lá pelos lados do Bom Retiro. O pai e a mãe do liberado estavam presentes. A matriarca, já idosa, não comia. Sentava-se atrás do marido, este à cabeceira, vigiando atentamente para que nada faltasse. Terminado o almoço, passou-se à sobremesa. O velho português pediu licença e voltou com pequena garrafa de cristal contendo um líquido vermelho e meio espesso. Prenunciei um vinho bom. Vieram cálices antigos de cristal e, então, aquele lisboeta antigo, sotaque bem carregado, fez discurso. Explicou que o vinho havia sido tirado da mais antiga pipa que a família abandonara antes de fugir para o Brasil. Lá fora, no Congo, conheciam-no como o "José das cem pipas", querendo dizer tratar-se de um rico vinhateiro. Antes de fugir com as roupas do corpo, ele conseguira vazar aquela amostra, mantendo-a intacta na viagem, cujos primeiros passos haviam sido muito arriscados. Servindo um pouquinho a cada comensal, ele o fazia em minha homenagem, o libertador de seu filho querido. Tomamos a bebida quase licorosa. Ainda a sinto no paladar. Recusei uma sobrinha oferecida em repeteco e precisei agradecer a homenagem, sentindo-me quase um estelionatário.

    Não me esqueço daquela comida nem daquele líquido especial. Do rapaz libertado me recordo ocasionalmente, como lembro um belga que passou por mim há quase um lustro, desertor de navio atracado no porto de Santos. Na viagem de volta seria destacado a servir em região disputada à Bélgica, morrendo, quem sabe, no fio do facão de um negro enlouquecido pelo hashisch. Disseram-lhe que eu era competente. Naquela época, estrangeiro casado com brasileira e mantendo filho brasileiro não seria expulso nem extraditado. Dito e feito, o marujo foi a um puteiro, contratou prostituta negra simpaticíssima, mãe de um garotinho também negro como azeviche, casou-se com a mulher e reconheceu o menino. O marinheiro não voltou ao navio, é claro. Impetrei um habeas corpus bem-feitinho, a impetração foi um sucesso, e o casal, mais a criança e provavelmente outros rebentos, viveram felizes para todo o sempre, embora com problemas relativos a preconceitos raciais.

♈

É interessante a atividade de comer. Os bichos mastigam em comunidade. Lobos formam grupos, ou alcateias, saindo à caça e devorando depois o produto das investidas. Parece haver, enquanto comem, uma espécie de convenção, ou coisa que a valha, cabendo ao animal "alfa" a primazia. Se assim for, não será diferente do que acontece à mesa das velhas famílias. Enquanto o primaz não pega a primeira garfada, não há quem se anime a iniciar o almoço – ou jantar. A alimentação em comum começou há séculos muito remotos, creio, principalmente enquanto as crias precisavam de auxílio para a possibilidade de nutrição.

Não gosto de comer sozinho em restaurantes. Aliás, raramente alguém se alimenta em solidão. Vejo alguns, ciclicamente, comendo assim. Fingem estar lendo livro ou jornal, mordiscando um bife ou triturando hambúrguer borrachudo.

Enquanto escrevo, um casal de cães, atento, passeia nas proximidades. Chamam-se Blimunda e Baltazar Sete Sóis, em homenagem a Saramago ("Memorial do Convento"). Blimunda, a mulher do livro, sabe ler a alma dos homens. Só perde a capacidade se comer um pedaço de pão ao acordar. Nunca tentou ver o que se passava na mente de Baltazar, só o fazendo quando, depois do sumiço dele, veio a encontrá-lo pregado numa cruz posta numa praça de Lisboa. Há nisso uma aproximação qualquer com Dona Flor e seus dois maridos, embora inexista semelhança com fato e personagens. Não sei por quais cargas d´água sempre irmanei Blimunda e Dona Flor, talvez por serem duas mulheres estranhamente ligadas a seus homens (Baltazar e Vadinho). Fabulação, é claro, ligada ao pensamento mágico.

Fui a Mafra, para ver o convento que inspirou Saramago. Passei sem o saber sobre a laje pesando não sei quantas toneladas, logo à entrada, arrastada durante muitos meses por dezenas de juntas de bois até o local para servir de piso aos passantes. Aquele convento teria sido o resultado do cumprimento de promessa feita por rei de Portugal a um padre, se e quando a rainha tivesse um filho. O frei morreu, a rainha pariu uma filha, mas o imperador cumpriu o compromisso, terminando uma enorme construção que dispõe de mais de mil repartições. Mafra me relembra Ane Marie, minha amiga, só amiga, acreditem, foi-se há pouco tempo, morreu de câncer, anunciou-o certo dia tranquilamente fingindo uma paz que não tinha, fumava muito. Atraiu a peste maldita, e peste é, pois mata furiosamente muitos escolhidos. Pensando nisto, consigo explicar a paixão que um bom médico, meu vizinho, tinha pelo meu romance "Caranguejo-Rei". Eu achava que ele gostava muito da história, mas não, tinha fixação pela capa, que exibia um enorme molusco fundido em latão, presente do Roberto Delmanto. Creio que era um cinzeiro, ficava sobre um móvel da minha sala de visitas, não me perguntem o motivo, mas sempre brilhava quando eu acendia a luz ou quando o sol chegava. Meu leitor tinha a moléstia maldita, só ele sabia, e todos sabem que o caranguejo é o símbolo do câncer... quanto a Ane Marie, por que falo dela? Já sei, era rica, tinha um haras nas proximidades do mosteiro de Mafra, queria ser enterrada lá.

"Memorial do Convento" é obra retratando, com vantagem, toda a produção do genial escritor português. Li também "Ensaio sobre a Cegueira" e "Viagem do Elefante", mas Blimunda é minha preferida, a exemplo da maioria das nossas mulheres, que sempre sabem quem e o que somos, embora não deixem perceber.

É interessante como as pessoas se ligam em metáforas. Vi em algum lugar que só nós humanos podemos entendê-las. Não sei não... dizem que os cães não têm imaginação, mas é muito interessante ver-se um cachorro brincando com uma bolinha de borracha. Se ele não soubesse o imaginário do objeto, provavelmente destruiria aquela coisa. Espantalhos afastam os pássaros.... Blimunda e Baltazar têm para mim um encanto todo especial. Significam aquela mística ligação entre casal que vive junto há bastante tempo, assemelhando-se então, não só fisicamente, mas nos trejeitos e comportamento em geral. Aliás, isso não vale somente para os homens, eu percorria um parque em que um visitante aleijado puxava cachorrinho que fingia mancar da pata traseira esquerda, à maneira do dono.

VI

Acostumei-me a examinar as pessoas retroagindo ao tempo de crianças. Sempre entendo que o menino de antanho, aquele gorducho engraçado, é o mesmo enquanto adulto, agindo, quem sabe, de forma diferente mas conservando a mesma natureza. Assim, quando apresentado a profissional qualquer, ponho-lhe calças curtas ou fardinha de colégio marista e o imagino garoto. Raramente me engano na análise da personalidade do interlocutor.

      Na madrugada de hoje (um dia qualquer) vi e ouvi na televisão uma reportagem sobre povos primitivos ainda conservando usos e costumes. Poucos homens e mulheres, todos feios, os machos usando no pênis uns tubos de bambu espertamente adequados à proteção da genitália enquanto os donos correm no meio da mata, livrando-os de insetos e galhos de árvore encontrados no caminho. As mulheres têm seios pequenos e murchos, pendendo como bolsas exibidas, antigamente, pelos fumadores de cachimbo. Havia uma cerimônia de recepção aos jornalistas que descobriram a tribo. Sugaram todos a fumaça de um canudo comprido, formando-se nuvem escura e malcheirosa. Aquilo me levou a reflexão curiosa: na medida em que os papuas não tinham, até ali, qualquer contato com o mundo exterior, não sei se "Nicot", ao introduzir o tabaco na Corte francesa, teria apenas dado curso a uma tendência universal. Em vários continentes havia aquele hábito. Não pude saber se a substância queimada pelos indígenas era tabaco ou maconha, não houve quem o esclarecesse no programa. Prefira-se afirmar, então, que o ser humano tende a aspirar qualquer fumaça que apareça à frente, até por se misturar o insumo na atividade básica de manutenção da vida. Fica mais filosófico. É mais ou menos como o futebol. Os ingleses o teriam inventado, mas formas rústicas daquele jogo foram encontradas em desenhos rupestres incaicos. A bola, feita de sumo de seringueiras, jogava-se para cima com as ancas. Precisava ser encaixada num buraco cavado na rocha. Conta-se que os vencidos passavam por sacrifícios variados. Silvícolas de vários quadrantes jogavam futebol usando cocos e até cabeças de inimigos vencidos em combate. Já se vê que o vício de fumar não se deve a inventores setorizados, mas tem qualificação mundial a partir, evidentemente, da introdução do fogo na comunidade.

Novamente os papuas: a reportagem os descrevia comendo o que aparecia à frente, desde o palmito aos vermes ligeiramente tostados ainda estremecendo enquanto levados em direção à boca.

Aquelas criaturas vivem em extrema simplicidade. Não têm sarampo, catapora ou gripe. Diga-se que, se contraírem tais doenças, morrem sem dúvida alguma. Nem se fale do álcool difundido pela cachaça vil que dizimou grande parte dos seres selvagens ainda existentes por aí.

VII

Pergunte-se a razão da intermitência da narrativa: inicio dissertando sobre a imutabilidade da personalidade do ser humano desde a infância à maturidade, passo ao futebol e aos povos primitivos. O cérebro é assim. Pode-se, evidentemente, partir para enunciados lógicos e bem equacionados, mas é bom, igualmente, deixar os pensamentos correrem livremente, sem muita ligação entre si, assumindo, quem sabe, feição quase anárquica. Diante de tal incoerência, é fácil verificar que a associação de ideias e imagens nem sempre é racional. Pensa-se, em determinado instante, numa nave espacial varando os céus e a seguir vem um episódio erótico de casal gozando na cama. Dia desses, conversando sobre o assunto, afirmei que resolvia boa porção de problemas quotidianos enquanto nadava. Disseram-me que não podia ser verdade, pois a criatura precisava concentrar-se na movimentação de braços e pernas, impedindo-se, então, de pensar em outras coisas. A mecânica da natação, entretanto, costuma ser automática, não guardando relação com o pensamento do nadador. E não se dirá que outras atividades também precisam de reflexão. O próprio ato sexual acontece com um ou os dois participantes cogitando em fatos distantes e absolutamente desligados da consumação.

VIII

Vejo-me, enquanto adolescente, como uma criatura esquisita, repito. Conheço homens e conheci rapazes extremamente simpáticos, atraindo olhares de muitos machos e muitas mulheres, estes por admiração autêntica, elas por inveja mesmo. Chamam a isso carisma, ou magnetismo animal, à maneira de Mesmer, charlatão que viveu e prelecionou na Europa no século XVIII. Moços assim se transformam em chefes de torcida universitária, terminam presidentes de Centros Acadêmicos, Clubes de Servir ou Lojas Maçônicas. Existe gente fisicamente feia mas extremamente respeitável. Por exemplo, Onassis fazia o tipo desengonçado. Chegou a dividir o espaço de seu navio particular com a Primeira Dama dos Estados Unidos da América do Norte, a nação, ainda hoje, mais potente do mundo. O marido exercia a presidência, atento ou desatento ao comportamento da mulher que, de resto, faria o que fez e o que não fez deliberadamente, chamando a atenção do universo pela audácia com que se comportou, não enlaçando humores com um Duque de Buckingham, mas tomando, na cara, o vento das ilhas gregas enquanto admirada por um mercador que dominava os mares. Não se sabe se ela fez ou não fez, mas se o tivesse feito imitaria apenas aquelas outras decididas a trair uma vez só, uma que fosse, por amor, desafio ou vergonha, apondo a marca lilás no peito do homem mais poderoso do mundo. Chi lo sa? Pense-se num enorme barco (barco não, navio), o casal fazendo um cruzeiro manso e caprichoso, Onassis num camarote a bombordo, ela a estibordo, ambos almoçando, jantando e tomando o café da manhã juntos, é muito complicado o raciocínio dos espectadores. No fim das contas o armador é morto, "Jackie" é morta, o mistério restou pelos cantos, a moça sofreu "o cão" e se deixou morrer sem permitir que lhe lacerassem o corpo, uma atitude trágica não muito diferente daquelas que mandaram a outro universo Elizabeth de Inglaterra e Ana Bolena, dir-se-á que foi outra dimensão, eu digo que não foi, pois sou um fabulador. "Jackie" gostava de cama, não para dormir, mas para gozar? É falta de respeito pensar nisso, sabendo-se que o gozo sexual deveria estar tão presente quanto o respirar? Li uma biografia de Hannah Harendt outro dia. Aquela diferenciada israelita, conhecida pelo amor à liberdade e responsável por grande influência na filosofia moderna, teve romance forte com Heidegger, seu orientador. O preceptor, a exemplo da grande maioria, não teve coragem para assumi-la. Hannah, além de filósofa, gostava de sexo. É ruim? Seria melhor vê-la fechada em si mesma, desesperando-se a exemplo de Nietzche, morto precocemente depois de deixar à posteridade todo o amargor de sua obra? Seria conveniente, penso, que todos os biografados tivessem, no currículo, o exame da capacidade de amar, digo-o sem hipocrisia sim, amor de cama, quem deixou algo nesse sentido? Jung, talvez, seus biógrafos não o descrevem como um tímido nessa particularidade. Seriam melhor entendidos, os amorosos são menos amargos, reproduzindo no papel o ardor com que se dão ao duplo jogo da sedução.

 De Onassis, ao que se sabe, continuam sobrando as empresas e descendente casada com um brasileiro rico (mas não tanto), saltador de obstáculos a cavalo de raça e outras éguas da mesma estirpe. Oportunamente lembro o nome do moço. Dodi? Não, este é apelido do companheiro de Lady Di, a princesa, elegante, bonita e desprezada pelo príncipe que, ainda dentro do contexto de feia respeitabilidade, contraiu núpcias com a outra. Esta última há de ter qualidades excelsas pois, como afirmei em relação a Onassis, atração física não é seu maior pendor. Acontece. Charles será rei quando Elizabeth morrer? Boa pergunta... é outra história extravagante. Ambas muito jeitosas, Diana e Jackie, as duas atraindo, certamente, a atenção de dois cavalheiros bafejados pela fortuna, um carregando meia coroa na cabeça, aquele outro baixinho, entroncado, nunca Zorba, o grego, mas ainda assim grego hábil como crocodilo velho catando peixinhos entre os dentes serrilhados. Jackie morreu de câncer nas mamas (sempre o câncer), Diana se foi numa explosão causada por acidente ainda não explicado, algo que no Brasil se procura assemelhar a Zuzu Angel, mas sem prova qualquer, Zuzu, com certeza, foi assassinada pela ditadura, sabe-se lá por ordem de quem.

Houve época muito cavalheiresca em que as mulheres tinham uma espécie de proteção contra violências ligadas a questões políticas. Até os assassinos profissionais respeitavam um código: mulheres e crianças, nunca. Isso não impedia que a Máfia italiana (se preferirem, a Camorra) destruísse famílias inteiras de adversários, firmada no princípio de que os parentes, se vivos restassem, se vingariam mais tarde. Sábias ponderações. Certa vez escrevi, em relação à luta entre judeus e palestinos, que não se poderia deixar um só varão vivo entre estes. Ele cresceria, esconder-se-ia nas dunas, se houvesse, e, mais tarde, ao primeiro fio de barba a lhe nascer no queixo, desenterraria o fuzil e partiria para a vingança. Porventura há analogia entre isso e Herodes, a mandar matar todos os primogênitos para impedir o nascimento de um Deus? A lição é bíblica. O rei Herodes se perturbou, convocou os sacerdotes e os escribas e lhes perguntou onde estava seu rei? Disseram-lhe que nasceria em Belém. Nisso intervieram os três reis magos e coisa e tal. No meio disso, José e Maria fugiram para o Egito. Herodes, sabendo do nascimento de Cristo, mandou matar todos os meninos com menos de dois anos. Quando o romano morreu, um anjo avisou José que o perseguidor já não existia. Então, José, Maria e Jesus Cristo voltaram para Israel, mas José, temeroso de Arquelau, filho de Herodes, foi para Nazaré. Daí o nome "Jesus de Nazaré", tudo para que se cumprissem as profecias.

Relembrando mulheres famosas, não só as reais, mas também aquelas lendárias, mormente as projetadas por variadíssimos escritores, vale referência às trágicas personagens postas na ficção. Impressionei-me por três: Lady Chatterley, Belle de Jour e Madame Bovary. Vivo com o trio na consciência, ora a lady com o jardineiro, ou Bovary forçando o marido medíocre a operar um pé aleijado de paciente bêbado, ou Belle de Jour introduzindo-se em prostíbulo à tarde, mesmo sendo mulher finíssima e muito bem casada. Ao lado, milhões de madames se comportam dignamente, algumas purgando vontades nunca satisfeitas, aquelas vivendo sem vigor algum, mas é bom dizer que na modernidade o sexo feminino, antes frígido em boa proporção, libertou-se e redescobriu o gozo. É rara hoje, conforme estatísticas variadas, a moça não chegada no orgasmo. Consultei há muitas e muitas primaveras o denominado "Relatório Kinsey", séria pesquisa da época dourada relativa ao comportamento sexual das norte-americanas daquele tempo. Tenho o livro, um bom tijolo, na biblioteca. Decididamente, é estudo vencido pela realidade atual.

As americanas tinham e têm seios fartos, traseiros bem projetados e pernas grossas, ao estilo Marilyn Monroe. Às vezes, numa ou noutra palestra em que estou de bom humor, refiro-me à má influência do cinema sobre comportamentos criminosos. Suavizando o tema: examino o espírito de imitação que toma conta das adolescentes – e até das não adolescentes – quanto a atrizes famosas bocudas, como Angelina Jolie. Há uma porção de senhoras, inclusive intrometidas na política, colocando "botox" na região mentoniana ou nos lábios, projetando-os à maneira da predecessora famosa.

As americanas do norte não costumam ser altas. Um metro e sessenta e sete seria, creio, a altura média a que chegam. Tenho na análise um interesse quase empírico, percebendo, por exemplo, que as japonesas das novas gerações não mais exibem pernas tortas e mamas chapadas. Ocidentalizaram-se, modificando o tipo físico, o que não é novidade, pois isso acontece até a gatos e cães. Gerações repetidas entrecruzam a pelugem, os focinhos e o resto também.

Marilyn Monroe tinha grandes peitos. Enquanto dominava as telas nos vários filmes que fez antes de morrer bisonhamente, usava "soutiens" bicudos. Os de hoje, feitos em material cientificamente projetado, são bojudos e redondos na centrifugação dos seios, escondendo os mamelões (para quem não sabe, a expressão "mamelão" vem da medicina legal). Tenho certa familiaridade com os sistemas. Minha mãe, enquanto eu ainda era criança, era especialista em fazer "soutiens" sob medida, usava umas tiras feitas em osso de baleia, as chamadas barbatanas, pegavam as moças desde a cintura até quase o sovaco, revitalizando o todo. Talvez tenha sido o motivo de eu me preocupar em explicar melhor as diversas etapas de fabricação de tais acessórios. Embaraço-me, certamente, ao ver na rua, esporadicamente, uma anciã angulosa e claudicante, lembrando-me de já a ter visto, disfarçadamente, quando menino, por um orifício na parede de casa, ostentando um belo par de mamas quando jovem. Confesso-o sem sensualidade alguma e com muita tristeza, mulheres não devem envelhecer, precisam manter permanentemente aquele ar das "primaveras" perenizadas por Botticelli, hoje encontradiças nas folhinhas penduradas nas paredes das oficinas.

IX

Inquestionavelmente, homens respeitáveis tiveram infância complicada e eticamente desnaturada, mas são exceções. O normal, já o disse, é a confirmação, na maturidade, de comportamento infantil adequado.

O desenvolvimento de meninos e meninas, até a transformação em adolescentes, e mais tarde em adultos, é submetido a chuvas e trovoadas diversas. Desviam-se da normalidade no meio do caminho ou seguem retamente, apesar dos percalços. Há os que se viciam em drogas, os que se deformam e se reformam. Viram "gays", mas isso constitui, hoje, categoria plenamente aceitável. Paralelamente, jovens do sexo feminino assumem abertamente o lesbianismo, ressaltando-se a opção de muitas atrizes e cantoras em geral. É difícil, para mim, a admissão sincera do homossexualismo, masculino ou feminino. O conformismo se põe delicado para nós, os velhos, pois os moços aceitam o fato com muita naturalidade. Na adolescência convivi com um garoto, no Colégio de Padres, que sofreu horrivelmente brincadeiras sem-par. Tive dó, muito dó do menino. Tiraram-no da escola. Os pais não mais suportavam a repressão maldosa diariamente repetida. Privei com outro, na caserna – fiz o exército, fui preso, depois conto a história – seu apelido: "Mirandinha". Comiam-no atrás do piano do salão de bailes do quartel – Seção Comando. Nunca o quis. Tratava-o bem, não tinha vontade, ou não tinha coragem, ou nunca pensei naquilo. "Mirandinha" gostava de mim. Pedia-me conselhos. Na medida do possível, protegia-o da soldadesca. Hoje é diferente. Agrupam-se, malham em academias, fortalecem-se fisicamente e lutam se preciso for, rolando no chão – expressão assintomática – em defesa de sua vocação. Empreendi parte do aconselhamento de médico ilustre que fez, em São Paulo, a primeira cirurgia brasileira de ablação de pênis num transexual. Aquele cirurgião plástico foi processado criminalmente e condenado em primeiro grau. Absolveu-o o tribunal, mas perdeu totalmente a clínica, morrendo em seguida. Cuidava-se de um grande especialista, dos melhores, sim, operava um nariz como ninguém. Roberto Farina, até hoje guardo um livro que escreveu sobre rinoplastia, obra disputada. Já defendi uns cinquenta, primordialmente os plásticos, agora não mais, não sei e nunca soube fazer a corte ou participar de festas comunitárias do estilo. A advocacia criminal é curiosa. Não basta ser bom, é preciso que o saibam tal, há arquitetos da moda, psicanalistas da moda, advogados da moda, é preciso trabalhar o modismo. Não que esteja insatisfeito, a vida já me trouxe muita participação e alegria; fiquemos nisso, é o bastante.

Continuando: nunca fui de ter atração por homossexuais, nem em mocinho, idade que, lá atrás ou agora, ativa às vezes a experimentação bilateral. O contato físico com homens, mesmo no abraço descompromissado, sempre me provoca uma sensação esquisita, como os metais imantados postos juntos em polos opostos. Há agora os denominados metrossexuais, paramentando-se, usando cremes e pozinhos mágicos, tudo para retardamento da velhice ou mitigação de assimetrias preexistentes. Vi um filme há pouco, aliás, com aquele ator que faz o último "James Bond", ele compunha personagem decadente e viciada em cocaína. Há cena em que a irmã mais moça, vendo-o após o velório de um amigo, afirma, no meio de uma gargalhada: – "Você usa maquilage!". Ele nega e diz, constrangido: – "Não, é só um redutor de rugas...".

Nós não deveríamos chegar à velhice, repito. Seria necessário haver uma data limite para estar no mundo. Meio século, por exemplo. Os romanos citadinos, em regra, viviam menos. Desmoronavam, perdiam cabelo, morriam às pencas. Dizem os entendidos em história antiga que os aquedutos usavam chumbo na construção. Os cidadãos se envenenavam aos poucos, o que não acontecia aos camponeses moradores nos arredores. Estes, se a peste não os colhesse, costumavam chegar à velhice. É uma boa explicação, pois o chumbo contém arseniatos perigosos.

Insisto nos "gays". Grandes atores se comportavam assim. Atrizes diferenciadas são lésbicas. Devem ter alguma razão. Homens, em geral, têm pouca higiene, fazem "xixi" na borda dos vasos sanitários, limpam-se negligentemente e, enfim, procedem como os machos em geral. Há, é claro, aqueles obsessivos que lavam as mãos dez vezes ao dia, mas os psiquiatras identificam isso como uma anormalidade psíquica cuja qualificação existe por aí. As mulheres são receptoras de esperma. Lavam-se cuidadosamente após o ato sexual, mas conservam o sêmen nas entranhas, queiram ou não queiram, não só em razão da gravidade mas em função, também, dos delicados contornos dos órgãos reprodutores femininos. Não sei como se relacionam no contato homossexual. Nunca o vi, nem mesmo nos filmes de sacanagem que andam por aí. Outro dia, uma lojinha de locação de vídeos me ofereceu uns tantos, estavam desativando o comércio. Recusei-os, não por pudor, mas por não ter, realmente, interesse prático naquilo. De qualquer maneira, o relacionamento entre mulheres deve ser mais asséptico, delicado, simples certamente, exceção feita àquelas musculosas que se fingem de homens, usam braçadeiras de ferro nos pulsos e grossos coturnos vestindo os pés. Raridades dentro da raridade, dispenso-me de as analisar.

Lembro-me de uma, só a título de exemplo, que vi cantando num desses inúmeros DVDs à venda por aí. Deve estar gorda e antiga, a gravação tem muito tempo, mas a moça, decididamente, se mostrava linda, apesar do disfarce que os pozinhos não ocultavam totalmente, pequenas marcas deixadas no rosto por acne mal cuidada ou distúrbio glandular insistente. Belo exemplar da raça humana, não uma extraordinária cantora, mas se colocava muito bem no palco, uma sobrecapa brilhosa a lhe realçar o bonito contorno corporal.

Não gosto de lésbicas. Digo-o abstratamente, é claro, não sou um esperto em sexo, apenas um teórico, por força, também, da velha medicina legal e da psiquiatria forense, matérias que conheço um pouco, diferentemente de criminalistas que daquilo conhecem nada. Dizem que as lésbicas são agressivas, rudes e possessivas. Passou o tempo de testar isso. Afirmei num poema, na última aula proferida antes de me despedir da docência numa universidade respeitada: – "**Não fumo, não jogo, não bebo. Acordo cedo. De manhãzinha, sentado na poltrona de couro, fofas pantufas nos pés, leio o jornal matutino e vejo a televisão. A TV Globo não é a melhor solução, mas o dinheiro não dá para outra satisfação. À noitinha, quando chego, me espera a esposa dileta. Sentado na poltrona de couro, cachorrito ao lado, leio o jornal vespertino e vejo outra vez a televisão. Reservamos as quintas, obrigatoriamente, para as questões de cama, facultativamente aos sábados e domingos (Dona Flor). Não fumo, não jogo, não bebo, acordo cedo, não me dou às fêmeas, que sou eu, não sou nada, pô!**

Declamei os versos e disse aos alunos que eram de Fernando Pessoa. Fizeram ar de respeito e consideração. Riram, pois havia estrofes engraçadas. Estava eu em dúvida, até aquele momento, se renunciava ou não à cátedra. Decidi-me, não por não conhecerem o "Pessoa" na produção literária, mas por deverem saber que à época não havia televisão. Paciência! Deixei de ser professor naquele dia.

℺

Eu, enquanto menino, queria ser médico. Creio que a grande maioria, entremeada no reino maravilhoso das fabulações, pretende seguir a medicina. Existe naquela profissão uma feição mística altamente sedutora. É, o médico, o grande salvador de vidas, um milagreiro, ou feiticeiro até. Sempre me obcequei pelas entranhas dos bichos, sem exceção dos homens. Uma das raríssimas recordações da infância é de ter uma gilete nas mãos, abrindo com a mesma a barriga de um passarinho encontrado morto numa guia de calçada. Assustei-me com a recordação depois de grande, mas soube que a meninada costuma ter alguma coisa sádica desaparecendo à frente. O ruim é a manutenção da atividade. Consta que a medicina continua atraindo jovens, mormente aqueles bem-postos economicamente, porque os vestibulares oficiais exigem bons cursinhos e os institutos particulares, embora menos exigentes, costumam custar muito caro. Conheço desafios à regra. Lembro-me de um adolescente cearense que veio a São Paulo numa carroceria de "pau de arara", indo lavar o chão das enfermarias do Hospital das Clínicas. Ali, foi praticamente adotado. Tornou-se enfermeiro, prestou vestibular e se transformou, mais tarde, num excelente especialista em nefrologia, diplomando-se com distinção. Acontece, como aconteceu a Luiz Inácio da Silva, de metalúrgico bebedor de cachaça a primeiro mandatário da nação. Em tese, todo moleque negro pode chegar a tanto, ou a Ministro da Suprema Corte, mas é como ganhar na "Loteca". Obama o conseguiu em situação diferente, foi educado em Harvard e coisa e tal...

Tenho boa biblioteca de medicina. Comecei a reuni-la na Faculdade de Direito, enquanto aluno de medicina legal. Não sei se a Cadeira continua fazendo parte do currículo universitário, mas devia fazer.

Tive excelente professor na pessoa de Flamínio Fávero, catedrático na Universidade de São Paulo. Seguidor de Oscar Freire, o mesmo que deu nome ao Instituto posto ao lado da Avenida Doutor Arnaldo. Este fundou a Faculdade de Medicina de São Paulo. O Instituto Oscar Freire tinha e tem uma espécie de museu de crimes famosos. Vale a pena visitá-lo, mesmo não sendo empreendimento muito alvissareiro. Eu estava no segundo ou terceiro ano de Direito quando conheci Flamínio. Suave no comportamento, alegre até, afável, boca fina de certa forma cruel, o professor mandava no Exército da Salvação. Batia tambor na Praça da Sé aos sábados, recolhendo donativos para a instituição. Sogro de Odon Ramos Maranhão, também eminente criminologista e autor o último, todos o sabem, de obra clássica sobre o assunto. Tenho uma das edições, devidamente autografada. Fiz sob Flamínio Fávero um curso paralelo de medicina legal, desenvolvendo-se as aulas no cemitério do Araçá, tudo muito natural, pois seria o lugar mais adequado à experimentação. Lembro-me bem de uma autópsia feita em menina atropelada numa rua qualquer de São Paulo. Estava numa bandeja de aço, exposta à curiosidade dos estudantes. Éramos uns vinte e cinco quando começamos, terminamos em quatro ou cinco. Suportei estoicamente aquela e outras cenas trágicas. À noite – eu ainda morava com os pais – ajoelhava-me junto à cama de minha mãe e chorava, com a cabeça no colo dela. Lembro-me de ter soluçado assim só em outra oportunidade, mas isso fica perdido no negror do inconsciente. Não vale a pena relembrar. Os homens choram, sim, e muito.

Não sei se me daria bem na medicina. Sou bom ouvinte, tenho paciência e não me furto a queixumes. Entretanto, quando decido, faço-o com firmeza e de maneira meio rústica. Por outro lado, não gosto de sangue e de ver alguém sofrendo dores físicas. Isso me propiciaria atividade clínica ou, quem sabe, psiquiátrica. Não conseguindo estudar medicina, voltei-me para o Direito Penal, isso desde os primeiros dias na universidade. Fato curioso, sou um tímido. Disse-o há pouco tempo, no meio de palestra que profiro ainda, quando me convidam. Houve uma explosão de risos no auditório, passo imagem de professor absolutamente desinibido. Engano profundo, eu é que sei das dificuldades.

A propósito da advocacia criminal e da arte médica, lembro-me de Noah Gordon, "O Físico", passando-se em torno de uma figura que exercia, antes, o cargo de aprendiz de cirurgião-barbeiro, tornando-se mais tarde respeitadíssimo fazedor de diagnósticos.

A medicina, antiga ou moderna, depende muito daqueles que a exercem. Evidentemente, os atuais mal encostam no paciente. Ouvem-lhe a queixa, abrem os computadores e já encontram, em programas específicos, as indicações adequadas a exames laboratoriais ou de imagem relativos à espécie. Velhos clínicos são raros, hoje em dia. Em primeiro lugar, morrem. Em segundo, são considerados ultrapassados. Em "O Físico", o personagem principal tem o dom, ou seja, encosta a mão no paciente e sabe se ele sobrevive ou morre. Conheci clínico assim, espécie de morcego negro. Recordo-me de um que me examinou há um vintênio, consultava pessoa da família. Estava frio e eu usava sobretudo cinza, bem triste por sinal. O homem me olhou e disse que eu não lhe parecia bem. Morreu há bastante tempo.

Como falei, eu pretendia a medicina. Impressionavam-me aquelas figuras heroicas e bem-sucedidas, salvando vidas aqui e ali ou consolando viúvas. Justifica-se a imagem alvissareira quando se pensa num tal de "Doutor House", médico maluco mas genial, manquitolando cheio de dores mas efetuando diagnósticos corretos e imprevisíveis.

Frustrada a prática da medicina, resta-me ainda hoje a advocacia criminal. Houve tempo em que mantinha no escritório um esqueleto humano completo, decorando osso por osso. Sabia, embora teoricamente, o funcionamento dos órgãos, as funções e nome das glândulas de secreção interna, conhecia, dentro dos limites possíveis ao leigo, a tireoide, o timo, a epífise, a amígdala, enfim, entusiasmando-me com o trânsito sofisticado e muitas vezes só sugerido dos humores respectivos. Aliás, certa vez, no Instituto Oscar Freire já referido, presenciei uma atividade espetacular: o corpo de um defunto, fatiado enquanto congelado, foi solidificado em acrílico, de forma a mostrar, lâmina por lâmina, partes específicas dos órgãos captados. Juntadas, as peças mostravam o conjunto por inteiro. Aquilo se obtinha a poder de uma serra de fita importada da Alemanha. Não sei o que foi feito do dr. Jekyll que executava aquela tarefa diabolicamente engenhosa, mas que vi, vi.

XI

Não entendo por quais razões escrevo estas linhas. Talvez seja em função de passar todos os dias, invariavelmente, à frente do cemitério do Araçá, no lado oposto ao Instituto Oscar Freire. Realço a oportunidade em que escrevi "Caranguejo-Rei". Afirmei em capítulo anterior que havia um túnel ligando o Instituto ao cemitério, é possível ser verdade, pois os defuntos, antes, eram conduzidos de um a outro lado da Avenida Doutor Arnaldo por baixo do leito carroçável. Conheci o doutor Arnaldo Amado Ferreira, um homem alto, magro, bonito dentro daquela competência e circunspeção que o transformaram em nome de rua. Gostava de mulher, isso gostava. Quem, salvantes as exceções, não gosta? Sempre entendi assim: quem dá nome a uma rua merece muito respeito, principalmente quando se cuida de avenida abrindo passagem ao Hospital das Clínicas, Hospital Emílio Ribas e, agora, ao Instituto do Câncer. É esquisita a reflexão sobre tais particularidades. É e não é, ao passar à frente do cemitério mencionado tenho a impressão de poder ver túmulos de pessoas queridas postos a poucos metros dos muros. Não se pergunte a razão de os ataúdes estarem ali. Acompanharam-me, basta dizer isso. Os fados o determinaram. Só eu, e assim mesmo quando as culpas me acicatam, vou até lá, andando por aquelas estreitas avenidas repletas de monumentos marmóreos. Rezo um pouco, sempre solitário, não sabendo se um "pai-nosso" ou uma "ave-maria" serve à chegança, mas rezo, faço o sinal da cruz e me vou.

Não deve ser bom o defuntamento. Ou melhor, é ruim precisar cuidar de defunto, principalmente em edifícios de apartamentos, quando se mora em andares elevados. Bem fazem os semitas quando se instalam em segmentos postos no primeiro pavimento, isso me faz lembrá-los outra vez, "A Vigésima Quinta Hora", não sei quem é o autor, é famoso mas não o identifico e não me animo a identificá-lo, quem quiser vá procurar, acontece que há uma cena em que o israelita velho morre e foi a primeira oportunidade em que a viúva o vê pelado, fizeram seis filhos, mas sempre sob os lençóis e sem se olharem, é claro que não acontece aos jovens, mas aconteceu aos antigos, sim.

 Mortos são incômodos de carregar. Desfalecidos dão exemplo de como é difícil transportar pessoas inermes. Tive uma cliente chamada Rubenita. Já se foi, portanto não se incomodará com o relato. Ela chegou a júri por crime que não vale a pena comentar. Eu precisava desesperadamente interromper o julgamento, havia outro processo em andamento e não seria adequada uma condenação paralela. O juiz não permitiu o adiamento. A solução foi Rubenita desmaiar durante o interrogatório. Tempo dos vestidos "tubinho", retos e terminando logo acima dos joelhos. A moça tinha pernas bem-feitas e corpo bonito. Quando desfaleceu, todos, jurados, juiz, advogado e promotor público se deslocaram rapidamente para levantá-la do chão, mas estancaram sem saberem onde agarrá-la, se pelos pés, pelos braços ou pelos ombros, até que uma serventuária, pudicamente, a cobriu com uma beca deixada por ali, levando-a todos a um banco de madeira embrulhada naquela espécie de sudário. O "Pronto-socorro" foi chamado. Veio um médico novinho, retirou da maleta uma seringa enorme e a enfiou na veia de Rubenita. O juiz, apressado, indagou do enfermeiro, também presente, sobre o reinício do julgamento. O velho atendente de enfermagem caiu na gargalhada. Disse ao magistrado, entrecortadamente: – "Que é isso, doutor, aquilo é o famoso sossega-leão, se ela acordar amanhã já será a sorte grande, veja como a acusada ronca bonitinho…".

 Conto a particularidade só para ressaltar a dificuldade de se manejar gente desfalecida ou mesmo inanimada definitivamente. Não se livram os últimos de uma dose razoável de pudor e discrição.

 Mortos em apartamentos exigem técnicas especiais de deslocamento. Fogem, tais condutas, a conhecimentos leigos. Normalmente, pelo que sei, os atendentes embrulham os defuntos em lençóis, dois ou três conforme o peso, e os carregam como trouxas. Aquele envoltório não precisa ser negro. Já terá acontecido de o ensacamento ser feito dentro de toalha de mesa vermelha, ou seja, o pano comprido encontrado no local. Os vizinhos ficam menos constrangidos e os cães restam quietos. Não sei qual o motivo de os cachorros estarem no texto outra vez, nem imagino a relação deles com a dor sofrida pelos donos. Disseram-me que cães, bois e animais não fazem distinção de cores, mas dimensionam apenas volume e movimento. Nessa medida, a capa vermelha do toureiro e a cor rubra do cobertor escondendo o morto não fazem diferença alguma. Sabe-se, entretanto, que os cachorros uivam antes do passamento dos donos. E há os que morrem junto ou poucos dias depois. É quanto basta a título de demonstração de sofrimento da comunidade.

Seguindo a livre associação de ideias preconizada, relembro que os escorpiões postos num círculo de fogo não se suicidam com o próprio veneno. É o calor que lhes entorta a cauda, dando a falsa impressão de praticarem o autocídio. Deve doer bastante. Dor é universal.

XII

Falei muito da morte. Tenho medo de morrer. Todos têm. Na realidade, impressionam-me a podridão, a degenerescência dos tecidos, o odor ruim mesmo, tresandado, dos que se vão. Acidente feio, perdoe-me o leitor. Por tal motivo, provavelmente, os primitivos e nós mesmos temos costumes, embora não plenamente, de incinerar os cadáveres. Já vi um ou dois assim, entrando num túnel ou baixando a um poço escuro, dentro do caixão, para serem consumidos por chamas de alta temperatura, enquanto os assistentes, parentes e amigos, ficam ao redor, uns curiosos, outros absortos, esperando o término da cerimônia, tudo sob o som de música escolhida nos arquivos da funerária. Mozart e Vivaldi são reincidentes nesse pano de fundo, mas já ouvi "Jesus Alegria dos Homens", pus a pauta, ou termo parecido, em "Dolores", meu melhor romance, quando o assassino é, por sua vez, objeto de um tiro certeiro enquanto atravessa o rio num bote a motor. "Dó ré mi, sol fá sol, lá sol sol..." e assim por diante. É bonito, eu tocava isso na gaita de boca, dia desses pego o instrumento no bolso durante um velório e entusiasmo a plateia, é preciso ter fôlego, a melodia é constante, não tem intervalos não, consigo tocá-la ainda, se quiser. De vez em quando, em Ibiúna, no ocaso, solfejo umas estrofes da música olhando o horizonte, ou então o toque de recolher que aprendi no quartel do exército, sempre a tristeza misturada no dia em que Getúlio Vargas se foi, eu estava jurando à bandeira, paramos no meio da solenidade e entramos em prontidão, sinto até hoje uma sensação extravagante de soldado a meio-pau, pois nunca terminamos o juramento, sou um milico desmoralizado, diga-se que não gosto deles, não gosto mesmo, fizeram-me sofrer muito no serviço militar, posso contar a história: véspera de ano-novo, havia um sargento, Fernandes, lembro dele por ter o mesmo sobrenome que o meu, só que eu sou "Hernandez", com "zeta" sim senhor, eu estava de serviço, por vingança do homem, que não me apreciava muito, eu usava uma correntinha de ouro no pescoço, com uma Nossa Senhora dada por minha mãe exatamente para me proteger do bruto. Acontece que eu tinha uma namorada cheirosa, aquele sabonete "Lever" que ainda existe, toda vez que tomo banho com tal sabão eu me lembro dela e das sacanagens nas poltronas mais altas do cinema, o "lanterninha" se tornara meu conhecido, acho que ficava espiando a gente no escuro ao qual estava acostumado... há sempre alguém à espreita, isso faz parte daqueles livros vagabundos de espionagem. O Sargento Fernandes me pôs na guarita todo fardado e com fuzil ao ombro, aquelas espingardas "Mauser 1908", pesadas como saco de cimento, pois a atração para o chão ficava mais e mais forte à medida que as horas passavam. Continuando: o relógio da igreja marcava onze horas da noite, sei disso, o quartel ficava atrás do templo, não pensei muito, o "smoking" emprestado estava na sacola, tirei a farda, pus a roupa amassada, pulei o muro, larguei a arma no chão e fui ao baile de fim de ano, chegando lá a tempo de cantar desafinado, e em murmúrios, taça de cidra entornada por inteiro, o "Feliz ano velho, feliz ano-novo", tralalá, tralalá, tralalá, tudo abraçado na menina roliça, peitudinha, saborosa e comparsa daquele episódio tragicômico. Voltei ao quartel às quatro horas da madrugada, usando o mesmo expediente. No lado de dentro havia um cachorrinho pequeno, mistura de vira-lata e salsicha, nunca nos demos bem, os dois, o bicho andava encostado nas botas do comandante, que morava numa casa ao lado. O cão sempre me pareceu meio "viado", tinha um jeito dengoso de entortar o corpo, acredito que ele sabia que eu não o tinha em boa consideração. Os latidos acordaram a guarnição toda, sem exceção da mulher do coronel, ela apareceu na janela de camisola e roupão, não se deve cobiçar a esposa do coronel, mas eu tinha uma queda por ela, redonda e gostosa no segundo andar, embora descabelada. O resultado, já se viu, foi um mês de cadeia, por tentativa de deserção (nunca entendi a pena, eu estava retornando do passeio, na pior hipótese seria arrependimento eficaz), fiquei trinta dias entre as grades, com um castigo suplementar, pois não me permitiram tirar a roupa de cerimônia, o quartel inteiro e adjacentes me visitavam por fora da cela, como se fosse um macaco pego no meio do mato e posto a domesticar. Ao sair, cheirava muito mal. Aquilo foi o suficiente para eu detestar as Forças Armadas e ajudar os subversivos quando o golpe de 1964 explodiu no país, tudo por causa de uma paixão arrasadora por "Gerusa", a menina do sabonete "Lever", vale quanto pesa, é como o "Melhoral, melhoral, é melhor e não faz mal", ou "É hora do lanche, que hora tão feliz queremos Biscoitos São Luiz", ou, por fim, o estribilho ouvido, às dezoito horas, no rádio bigode ao pé da escada antes de começar o episódio do "Zorro", Zorro e o "Tonto", dizem os psicólogos modernos que tais duplas são suspeitosas, "Batman e Robin", por exemplo, há quem não se conforme com a eleição de heróis, nem mesmo da "Mulher Maravilha", já se afirma que a moça é mulher-macho, cantar aquela música nordestina é, hoje, preconceito racial, dá cadeia brava.

    Retornando aos velórios para que não se diga que fugi do assunto, valeria a o refrão: "Quando eu morrer, não quero choro nem vela, quero uma fita amarela, gravada com o nome dela". Quem é ela? Gerusa, a "ratinha" de Caranguejo-Rei, ela e seus mistérios nunca descobertos?

XIII

Ao entrar na Faculdade de Direito tinha a mesma dose de timidez que tenho hoje. Magro, feio, já com uma ruga pronunciada na testa (tenho livro de Medicina Legal expondo fotografia de um psicopata parecido comigo), vivia pelos cantos, pouquíssimos amigos, uns dois, que me suportavam mais que eu a eles, valendo o refrão de que os iguais se procuram. Queria ser bom orador, criminalista ilustre, sim, dos bons ou dos melhores, arrebatador de plateias, sedutor dos e das juradas, destas principalmente. No decorrer da vida me especializei em falar aos corações femininos, técnica usada até hoje, antes com trejeitos de macho insinuante, hoje com meneios de velho que produzem muita tristeza, um irmão mais moço morto imprevistamente, um tio ou pai envelhecido, funciona assim, sempre dizemos o mesmo xarope com inflexões diferentes.

Pretendia ser um debatedor invencível mas precisava lutar constantemente contra defeito que me fazia gaguejar na hora da peroração, parecendo que alguma coisa dentro de mim se recusava à perfeição, espécie de castigo do qual só me livrava vigiando permanentemente a língua. O hábito de falar em público chegou devagar, a poder de esforço enorme, o entrecortar nas frases dificultava o raciocínio, obrigava-me a parar e recomeçar o período não muito meritório. Relembro o primeiro concurso de oratória que fiz, ainda estudante, na Faculdade. Sorteava-se um tema já na tribuna. Coube-me "O Garrafão do Jabaquara". Não me passava pela cabeça um só indício do que fosse aquilo. Alguém me soprou que se tratava de marca de vinho tinto nacional. Desandei a falar nas virtudes das parreiras do Rio Grande do Sul. Os examinadores desataram a rir. Cuidava-se de um misterioso local destinado ao encarceramento de escravos, em Santos, antes da abolição. Pedia demais, a banca. Fui desclassificado.

Candidatei-me a orador da turma. Outro fracasso. Havia melhores. Isso não me impediu de prosseguir a ponto de dizer coisas bonitas, sendo aplaudido em pé nas noites inspiradas. Muito treino, experiência, obstinação também, recusando-me a desistir, porque, no fim de tudo, o criminalista é um palrador. Quantos júris fiz? Quantas sustentações orais, sempre usando velha e malcheirosa beca, pois lavá-la traria má-sorte, segundo ouvi em moço e obedeci sem discutir? Aquele camisolão negro dá uma dignidade toda especial à gente. Não é à toa que os padres usam batinas e os médicos vestem batas brancas. Ficam diferenciados, como os soldados, do resto da comunidade.

Eu me sentia, apesar dos problemas, um moço competente. Lia muito: Voltaire, Balzac (aprendi o francês degustando Honoré no original, sem dicionário, ia pelo jeitão, até entender), Flaubert, entre outros, nunca em português, o colégio marista me ensinara algo em castelhano, inglês, latim e francês. Confesso que gostava também da chamada "Coleção Azul", de M. Delly, eram histórias para moças, mas tinham, para mim, aparência de livros de sacanagem, mesmo sendo contidos na descrição dos amplexos entre namorados. A imaginação fazia o resto. Descobri, muito adiante, que M. Delly era homem, o que dava ao autor especial chamamento para a suavidade do comportamento feminino. Devorava também o "gibi", o "guri" e outras obras em quadrinhos. Preferido, o "Príncipe Submarino" povoava meus sonhos, uma cultura desencontrada, incompleta e polimorfa, um bric-a-brac, dizia a meu respeito um crítico mais velho, no entremeio de muita fabulação. Vi em algum lugar uma afirmativa de Matisse: "a exatidão nem sempre significa a verdade". Ele o disse depois ou enquanto desenhava seu próprio rosto à frente de um espelho, não se vendo na melhor exposição e sim naquela que estaria expressando por inteiro a existência do rosto copiado. Sempre fui, nesse contexto, um ficcionista. Pegava um acontecimento e, ao contá-lo, deformava-o de maneira vil, mas bem intencionada talvez, transformando-o em outra realidade contada com graça e elegância. Procurava ilustrar sustentações orais com aquelas histórias, impedindo ou dificultando o sono dos juízes. Prestavam atenção, tentando encontrar na fábula o miolo do raciocínio.

Fui bom aluno e bom professor. Nunca fiz chamada. Apenas queria "casa cheia". Isso levava os rapazes e o componente feminino a uma espécie de rodízio, para que as faltas não fossem demasiadas e dois ou três pudessem ausentar-se sem escândalo. Funcionava bem. Entrosava-me às mil maravilhas com o corpo discente. Ainda nos encontramos, uns são desembargadores ou advogados ilustres, a maioria está viva e atuando. Tive modelos. Todos os têm. Havia um velho criminalista, daqueles que dão nome a ruas e avenidas, Derosse José de Oliveira, dos melhores que conheci, ao lado de José Gomes da Silva, meu preceptor de sempre, nortista, baixinho e mulato, colega de Juscelino Kubistchek numa república, na universidade federal em Belo Horizonte. Derosse, bonito, elegante, ligado a Silvio Caldas, Dorival Caymmi e Jorge Amado, mantinha a assinatura deles num nicho da parede maior da casa onde morava, escreveu romance nunca publicado, uma joia chamada "Um Cão na Madrugada", teve três filhos homens, perdeu os três, o último teve um câncer devastador, atendi-o à beira da morte, um trio inteligentíssimo mas fadado à tragédia, coisa estranha mas possível, pois tudo é possível no reino da fantasia. Comentando novamente o Derosse, é difícil um advogado bem-posto, ficamos ventrudos, calvos, nariguados, um nariz bolhudo que se encurva para baixo, assemelhamo-nos àqueles antigos mercadores de Veneza, hebreus, sim, os melhores juristas, violinistas e outras especialidades terminando em "istas" são, em maioria, herdeiros da terra de Israel. Somos parlapatões do burlesco. Creio que as angústias e tensões dos clientes impregnam as faces dos advogados, marcando-as com muitas e muitas rugas até destruí-los de vez. Melhor seria deixar a bruxa passar rapidamente sua foice durante um júri ou uma sustentação oral na Suprema Corte, uma partida triunfante ressoando além dos Diários Eletrônicos, mas normalmente a morte assalta na cama, à maneira de Clarence Darrow, irlandês que chegou, inclusive, a defender o sequestrador do filho de Charles Lindemberg e o casal acusado de desviar segredos da bomba atômica norteamericana (os Rosenberg), condenado à morte, o trio. Ao morrer, Darrow foi cercado por jornalistas a recolherem suas últimas palavras. Só disse bobagem.

O período médio de vida útil dos advogados criminalistas não ultrapassa os setenta. Morrem geralmente de doenças cardíacas, ou do famoso derrame. A gota costuma pegá-los também, ou então são as drogas farmacêuticas e o álcool, ambos convenientes a quem quer dormir e não consegue. Poucos obtêm sucesso no ultrapassamento da barreira temporal. Ficam, assim como eu, numa estranha condição de sobreviventes, uns babando após acidente vascular, um monte caindo no degrau da escadaria, uns últimos ainda inteiros, milagrosamente, patrocinando defesas repetidas, rejeitando insidiosas afirmativas de insuficiência de condições. A medicina tem algumas especialidades em que a firmeza das mãos é importantíssima. Destaque-se a cirurgia ocular, ou mesmo a estética, em que a sutura das pálpebras constitui atividade delicada como a das bordadeiras da Ilha da Madeira, levando especialistas a deixarem por conta de noviças aquela terminação de intervenções assim. No Direito Penal, esclareça-se bem, não é isso, porque patriarcas em razoáveis condições de saúde podem convencer interlocutores, juízes ou não, da prevalência das teses que defendem. Ocasionalmente perdem uma parte de prótese dentária numa peroração mais violenta, já vi isso acontecer a um vetusto promotor público, incidente muito constrangedor, por sinal, mas o próprio se recuperou logo entre as risadas da assistência, saiu por esparsos minutos depois de catar a "perereca" no chão, voltou e venceu o júri, acertando grave condenação no meu cliente, forma que os jurados encontraram para lhe fazerem um carinho depois da cena tragicômica. Perceba-se que tudo vale na área criminal.

Eventualmente, uma vértebra lombar deste velho flibusteiro começa a doer, relembrando uma Comarca do Sul chamada Jandaia. Há quatro décadas, entrou-lhe em casa, na sala de visitas, um homem desesperado condenado a muita reclusão por um juiz de lá. Queria que o criminalista Paulo Sérgio fosse resolver o problema imediatamente.

— Tudo bem, vou de avião até Londrina, de lá tomo uma condução, um carro alugado, o que acha?

— Não tenho dinheiro pra avião nem automóvel, doutor.

— Então, não vou.

O sujeito tirou um revólver de uma pasta velha, pôs a arma contra a cabeça e disse, muito calmo:

— Se o doutor não for, mato-me aqui mesmo e ensanguento sua sala. Escolha!

Eu fui de ônibus. De Londrina até Jandaia havia uma condução chamada "toco duro", assentos de madeira sem estofamento algum. Dormi. Estava sobre as rodas de trás do velho veículo. A condução passou sobre um buraco. Houve um tranco só. Os demais passageiros, despertados pelos meus gritos de dor, procuraram todos os analgésicos que havia. Internaram-me num Pronto-socorro caipira. Saí de lá três dias depois, todo entalado, uma trabalheira tremenda para ir de ambulância até Londrina e chegar a São Paulo de avião, com mil precauções. Quiseram operar minha coluna. Não deixei. Aquilo não consertou, mas, de qualquer forma, nenhuma intervenção cirúrgica me inabilitou a andadura. Ficou assim. Resolvi o problema do homem. Não dizia mais com ele, era capricho meu, não seria derrotado por um "toco duro" destroçado numa estrada de terra. Dizem que quando homem acorda pensando em outra criatura do mesmo sexo e não é família, dá pra pensar. Todas as manhãs, entretanto, enquanto o corpo não esquenta, a fisionomia daquele sujeito me aparece na memória. O nome eu já esqueci...

XIV

Grandes advogados criminais (não penalistas de gabinete, veja-se) sempre se comportaram mais ou menos bem, exceção feita, raríssimamente, a alguém envolvido pessoalmente em crime passional. Não se tem notícia, nos jornais, de alguma extravagância maior cometida por defensores. Tocante a juízes e promotores de justiça é assim também. Ocasionalmente, um magistrado insano assassina a mulher e lhe corta os dedos, pretendendo impedir a identificação da defunta; vez por outra um promotor público é acusado de homicídio, legitimado ou não, pouco importa, mas sempre a apuração de uma infração penal grave. Todo ser humano, em princípio, pode cometer ilícitos penais de pequeno ou grande porte. Esqueci-me do "Crime do Punhal Marroquino", atribuindo-se a ex-bastonário da Ordem dos Advogados de Genebra um assassinato por paixão. Cuidava-se de criatura acima de qualquer suspeita de ter morto a punhaladas amante da secretária, dividindo-a com o réu. Repentinamente, Pierre pintou os cabelos de loiro e foi passear de bicicleta pelas ruas daquela cidade extremamente formal. Daí, o Procurador-Geral, inimigo do advogado, começou a investigá-lo. Finalmente, Pierre Jaccoud foi condenado ao cárcere, mas sempre houve dúvidas quanto à autoria. Pierre foi defendido por advogados que peroravam em francês e em flamenco, pois a região aceitava os dois idiomas. Li o livro que retratava o julgamento. O autor da reportagem se chamava Carlos Lacerda, o mesmo que mais tarde chegou a governador do Estado do Rio de Janeiro, fez o aterro da Glória e combateu violentamente Getúlio Vargas, sendo vítima de atentado à margem daquele outro que matou o major Vaz, quem o assassinou foi Gregório Fortunato, da guarda pessoal do caudilho. Gregório foi condenado. Preso, assassinaram-no também no cárcere. De Getúlio, bem sabemos, sobraram a Consolidação das Leis do Trabalho, a Petrobrás e algumas outras conquistas hoje pontificando no quadro social brasileiro.

    Em certa manhã, desafiado a demonstrar a sujeição de todo ser humano ao possível cometimento de crimes, convidei alunos a jurarem, sobre o Código Penal, nunca o terem violado. Dois ou três se animaram a provar imaculabilidade. Não resistiram a dez minutos de inquirição. Sonegação fiscal, direção perigosa de veículos, calúnia, injúria, difamação, preconceito racial, ultraje ao pudor público, contrafação de bebidas, falsificação de produtos medicinais, enfim, são as tipificações mais banais tentando gente séria.

XV

Os escritos biográficos devem guardar nexo entre começo, meio e fim. Nessa medida, os relatos se iniciam normalmente na infância, terminando no leito de morte. Propositalmente, entretanto, isto aqui funciona como reminiscências misturadas em projetos de futuro, ligando-se elas e estes por instigante mistificação. Nessa medida, quando vejo um jovem, ou, melhor dizendo, quando penso num ser humano específico mal entrado na maturidade, vem-me a expressão: "Você pertence a seu tempo". Quanto a mim, devo seguir meu próprio destino, que já é curto. Se o conhecêssemos o mundo seria uma loucura. Melhor, então, a clássica posição dos viventes, não sabendo qual a realidade do dia seguinte. Este, em determinado aspecto, não existe (filosofia barata de boteco, depois de dois ou três copos de vinho). Há, nisso, questões muito curiosas. O avião cai, morrem cento e poucas pessoas, inclusive crianças de colo. Sobrevive ao desastre uma só criatura, chegando de viagem ao exterior para tratamento de saúde. Desenganado pelos médicos, o ancião vinha morrer em casa. Pois parte para a morte exatamente dentro de casa, dois meses depois. Salvara-se da queda da aeronave sem um só ferimento. Sei de outra cena anômala: o cidadão sobreviveu a um edifício que se destruiu sozinho. Sentindo o tremor das paredes, escondeu-se no vão de uma forte mesa de carvalho existente no escritório. Único a resistir ao embate, os bombeiros o colocaram numa ambulância, incrédulos quanto à integridade física do homem. No caminho, enquanto o "resgate" subia ladeira íngreme, as portas traseiras se abriram, a maca, daquelas de rodinhas, não estava devidamente travada, caiu do veículo e desceu celeremente a ladeira, paciente deitado como se fosse um "skate" gigantesco. Veio um caminhão no cruzamento e passou sobre o corpo do infeliz... existe exemplo recente, datado de 30 de junho de 2009: Baia Bakari, adolescente, foi a única sobrevivente do acidente com o Airbus A-310 da Yemenia Airways, com 153 pessoas a bordo. A aeronave caiu no Oceano Índico. A menina se agarrou durante 13 horas nos destroços do aparelho. Salvou-se com fratura na clavícula e algumas queimaduras, mas passa bem. Sobreviveu.

 Perceba-se que o minuto seguinte, ou o pouco depois, ou o amanhã, ou o mês que vem, escapa à dominação. Penso nisso enquanto dirijo meu "buggy" amarelo, uma casca de plástico empurrada por um motor possante e pneus de avião, ligação única que me separa da velhice. É, todos sabem, um carrinho aberto. Passam ao lado aquelas enormes carretas recendendo a gasolina e pneus queimados. O veículo se sacode todo, seja em razão do vento, seja em função do deslocamento de ar. Um bafejo mais forte da ventania, uma sacudidela, e lá se vão o carro e o motorista...

 Leitor mais perspicaz ou sensível veria no relato certa cupidez pelo suicídio. Dir-se-á que fiquei estimulado pelo casal que foi à Suíça, gastando um bom dinheiro para praticar o chamado autocídio induzido. Há uma clínica, nas proximidades de Zurich, disposta a auxiliar as criaturas a morrer com dignidade. Não lhe dou o nome para não fazer propaganda da bruxa. Custa muito caro. Os descendentes, provavelmente, se incomodam, pois há prejuízo à herança. Conta-se, entretanto, que um maestro britânico, de nome Ted Downes, mais a esposa, ele com oitenta e cinco anos, ela cancerosa em estado terminal, foram à clínica referida, mais os filhos, tomaram remédio contra vômito e meteram nembutal pela garganta. Assemelhadamente ao que se faz em um ou outro Estado da América do Norte para cumprimento de sentença fatal. Evidentemente, os condenados à morte, nos Estados Unidos, não têm o consolo de Romeu e Julieta. Imagine-se o carrasco oficial juntando um casal na execução. É romântico demais... tocante ao maestro e esposa, casados há cinquenta e quatro anos, foram-se de mãos dadas. Provavelmente o músico não se separou da batuta de prata que carregava sempre consigo. A clínica, com certeza, fez tocar a Ópera "Die Walküre" * (A Valquíria, ópera de Richard Wagner). A Cena IV do Ato II conta que Brünnhild se apresenta a Siegmund, sua função é a de acompanhar os moribundos ao Valhala. Siegmund se recusa a ir, porque Sieglinde não iria. A certa altura, Siegmund acentua que preferiria ir ao inferno que seguir Brünnhild ao paraíso. Tudo muito tocante. Os velhos amantes, aqui, morrem ao som de Wagner tronitroando na vizinhança, livram-se os jovens das carcaças (cuidar de doente terminal é um saco), chora-se bastante e "La Nave Va".

Não é bem assim, mas o próprio astronauta, minuciosamente analisado, mesmo cercado por medidas de segurança, é um autocida em potencial. Assume as consequências da falibilidade humana.

Quanto à oportunidade da morte, qual a explicação para a sobrevivência do náufrago canceroso em estágio final, sendo protegido da harpia enquanto o recém-nascido se afoga na água profunda?

O suicídio vem se alastrando no oriente, principalmente no Japão, motivando pretensão a legislação regulamentando medidas eficazes a restringi-lo, não se sabendo quais seriam. Entre as faculdades mais potentes do ser humano, desponta o domínio do próprio corpo. Pode-se amarrar o cidadão em camisa de força, sedá-lo com tranquilizantes, prendê-lo em cela acolchoada. Um segundo de descuido e, se o sujeito puder, leva a cabo a intenção, chegando a mastigar a fibra do acolchoado protetor da parede.

Homens se matam por múltiplas razões. Dificuldades, doença grave, males do amor... afora isso, conheço loucas e aparentemente injustificadas causas, as chamadas depressões inespecíficas, como a hipótese de Santos Dumont, explicável seu enforcamento num hotel praiano com a tristeza de ver seu invento utilizado para destruir milhares de vidas humanas durante a guerra. Não creio que tenha sido só aquilo, o geniozinho brasileiro não seria modelo de equilíbrio psíquico ou emocional.

Esqueci-me da defesa da honra a título de causa da provocação da própria morte. No Japão dos samurais, segundo a história (verdade ou ficção), as mulheres se responsabilizavam pelas tarefas adequadas ao sustento do lar e outras atividades domésticas. O país formava, no século XIII, verdadeira colcha de retalhos dominados por régulos. Xogum era o título daquele que reinava, no pedaço, com poder absoluto. Os samurais lhe dedicavam a vida e a espada. Não trabalhavam. Guerreiros não o faziam. Precisando aparelhar-se, endividavam-se de vez em quando, para a aquisição daquelas esquisitas armaduras que os transformavam em figuras mitológicas. As esposas contraíam e honravam as dívidas. Quando não podiam pagá-las, praticavam o "sepuku", numa cerimônia repleta de solenidade, sendo ajudadas por alguém que, bem colocado atrás, manejaria afiadíssimo sabre se a suicida falhasse na tentativa. Ainda hoje, embora não costumeiramente, se pratica o autocídio no Japão. Garante-se com isso a sobrevivência do nome na comunidade e na descendência.

Conheci advogado ilustre que procedeu assim. Deprimido, tomou muito tranquilizante, enrolou a cabeça num saco plástico e se pôs a dormir definitivamente. Havia impetrado belo habeas corpus para colega injustamente processado. Terminei-lhe o trabalho, sustentando oralmente o "writ" numa das cortes superiores do país.

A ideia do suicídio povoa a consciência de grande parte das pessoas. Na minha cabeça o tema é rebarbativo. Vai e vem, instavelmente, sempre que a tristeza chega. É assunto abstratamente tratado, diga-se de passagem, não se dirá que tenho tendência a tanto. Na verdade, a vida deve ser desfrutada como chega. Há no contexto uma infinita relação de causalidade entre o que foi e o que é, baseando-se na teoria, aparentemente absurda, de que o que é não é, pois já foi. Fala-se, respeitante a isso, no efeito borboleta, afirmando-se que o bater das asas do inseto num canto do mundo pode produzir verdadeiro tufão no outro extremo. Deve haver certa dose de verdade nisso. Tocante à existência em si, é gota d´água no universo. Envaidecem-se os homens, neste século XXI, com a longevidade ridiculamente aumentada em relação ao século passado. O brasileiro está vivendo, em média, cerca de setenta anos. É bom. Já passei disso, mas não vale a pena viver sem o desfrutamento de algumas qualificações básicas, sem exceção da atividade sexual. Vejo muito velho por aí, em cadeira de rodas, sendo empurrado por familiares ou atendentes. Parecem dispostos a não partir. Agarram-se à existência ou não têm possibilidade física de abandoná-la. Deveriam ser ajudados a tanto? Vêm-me tais reflexões enquanto procuro pôr alguma ordem na biblioteca que já atinge mais de mil volumes. Separei meus originais para encadernação. Lembro-me da chegada a São Paulo há quase trinta anos, transportando os livros, ainda não tantos, num pequeno caminhão. As molas do veículo não aguentaram. Deu um trabalho tremendo recarregá-los em outro. Conheço-os todos, uns mais outros menos, mas não há o que eu não tenha ao menos folheado. Livro não aberto é como mulher virgem. Dá sempre vontade de ver o que há lá dentro...

XVI

Nada como um dia depois do outro. Ditados são a vertente saborosa da sabedoria popular, aquela gente humilde cantada por Vinicius de Moraes na canção que leva o mesmo nome. Nada como o dia que vem depois, sim, melhor ou pior, pouco importa, mas sempre as próximas 24 horas, uma outra manhã. Recortei em semanário desimportante que existe uma porção do cérebro, de nome extravagante, que leva o homem a rir incontrolavelmente nas situações mais paradoxais, sem exceção de velórios. Fala-se de uma cidade, aliás, em que a população se viu assolada por uma epidemia de riso durante seis meses. O fenômeno veio e se foi sem possibilidade de explicação. Um novo dia é, é óbvio, experiência única. Pode acontecer ou não, na medida em que a vida se enrola em acidentes de percurso múltiplos, constituindo o tempo, então, um projeto da imaginação, uma fábula, certamente, enganando a todos na sensação de realidade. Costumo dizer que a felicidade está atrás da porta, só não a vemos, mas está lá. Melhor aprendermos a colhê-la, sem vaidades inúteis, pois sequer sabemos o que somos dentro da cosmogonia.

Enquanto escrevo examino meu corpo, tarefa na qual me concentro conscientemente. Um comichão aqui, uma dorzinha ali, eventualmente dificuldade maior na movimentação corporal, advertência que afasto raivosamente, pois significaria, se levada a sério, uma espécie de passagem para o oriente, ou seja, para o outro lado. A carcaça estaria procurando uma substituta. Tenho uma barca a vela (barca deve ter o nome de mulher), sinto dificuldade naquele meneio seguido que auxilia a condução do conjunto no rumo certo. É aviso, bem sei, da incompatibilidade entre o homem e o gracioso veleiro. Na verdade, não me gosto (expressão estranha esta, não me gostar, fica assim, houve cantador brasileiro famoso que escreveu "amar-te até morrer-te"). Tudo está a dizer sinuosamente que os músculos, os ossos, as carnes, os fluidos espalhados ou concentrados, serpenteando no meio ou no interior dos múltiplos canais, formando milhões de partículas entrecruzando-se em movimento incessante chamado vida, enrodilhada esta última como serpente nessa matéria multifacetada, produzem, no entrechoque, consequências milagrosas, sentindo-se o desgaste das energias ser identificado pelo velho marinheiro. Verdadeiramente, é um milagre a formação da consciência e da razão que permitem, até mesmo, a inscrição, no papel, de símbolos inteligíveis a quem os produziu e, depois, a quem os vier a ler.

XVII

A perda da capacidade de entender e usar os símbolos gráficos chamados letras, palavras e frases, é doença que tem um nome a me escapar. Há, é certo, quem lê e não entende e existem aqueles que entendem mas não conseguem pronunciar o que leram. São formas de dislexia, ganhando nomes apropriados a cada disfunção. Encontra-se, paralelamente, a hipótese lembrada em conto de Jorge Luis Borges, "Funes, O Memorioso". O protagonista não esquece coisa alguma. Vive atormentado por lembranças minuciosíssimas, torturando-se por não ter freios na chamada "memória operacional". Uma espécie de "memória RAM", sigla usada para significar padrão de vigilância eletrônica da não perda do conteúdo do ventre dos computadores. Funes, segundo o conto, permanece apavorado, lembrando-se de cada ruga no rosto dos vizinhos, do formato das nuvens, do som mesmo de cada gota de chuva caindo sobre a pétala de uma rosa. Termina em confinamento dentro de casa. Nunca encontrei alguém autenticamente assim, mas já vi um sujeito chegando perto disso, mantendo prodigiosa memória enquanto exibindo enorme dificuldade de acompanhamento de uma simples conversa. Tais pessoas sentem e sofrem com o barulho de um alfinete caindo no chão, o apito de um trem ao longe, uma voz surgindo do outro lado da rua, misturando-se o conjunto na consciência sem piedoso projeto de esquecimento. Há estudos sobre o fenômeno, sob o código DDHA. Trata-se de particularidade muito importante, dizendo, inclusive, com a interpretação do falso testemunho.

Tocante à minha inclusão entre os maiores ou menores graus de exatidão, nunca sei se estou dizendo a verdade estrita ou incluindo alguma interpretação pessoal sobre fatos ou diálogos a serem reproduzidos. Daí o título do livro, "Fabulações de um Velho Criminalista". Certa ocasião, há muito, enquanto iniciava minha depois teimosa vocação de escritor, mandei um conto a um concurso, história de um menino que chegou a agredir com um cabo de vassoura um índio que o vigiava diariamente do outro lado da rua. Percebeu-se depois, o indígena era um boneco vestido a caráter engalanando a entrada do armazém. Premiaram-me. Já escrevi coisa muito melhor, jogando-a no lixo.

Dentro do contexto, se eu contar episódios da adolescência e mesmo da maturidade, é bom acreditar, mas não muito, pois o passado vem embolado nessas excentricidades a que os psicólogos se referem, recordações nebulosas perdidas nas dobras dos muros erigidos aqui e acolá, partículas traumáticas escondendo verdades e forjando mentiras num e noutro canto, retalhos rugosos farfalhando nos mistérios da alma.

Eventualmente, sentindo os humores do corpo, divirto-me maldosamente procurando isolar, nas dores que venho sentindo, o trajeto do conflito entre a vida e a morte ou, em se preferindo, os locais das disputas internas entre as várias espécies de vida. Vírus e bactérias, aos bilhões, habitam o corpo humano, todos em vigília, é claro, defendendo-se em universos absolutamente peculiares. Tenho medo do macro-infinito e pavor do microcosmo, aquele que se encolhe sempre e não tem paradeiro dentro da microscopia. Chegou-se ao átomo, aos prótons, aos elétrons, mas existem coisas menores, e menores e menores, numa involução incrivelmente paranoica? Quem o saberia? Se procurar entre os físicos, hei de encontrar alguma informação a respeito, mas não quero. Basta o pensamento mágico. Acabei de sorver um suco gelado de alguma substância sintética produzida alhures. Antes tomei leite e comi uma pequena maçã, mistura nada ortodoxa, diga-se de passagem, pois o leite gera acidez, a fruta contém pectina e o suco artificial encerra um monte de ingredientes entrando em colisão com o resto. Ah!, mastiguei também, meia hora passada, um pedaço de pão doce. Aquilo incha na barriga, mistura-se nos sucos gástricos e gera esquisita batalha no abdome. Enfrenta-se no entretempo a flora intestinal, mais abaixo, em ciclópico bailado, até formar consistência no chamado bolo fecal, que pode até mesmo não o ser, transformando-se o restolho numa pasta que encontro pela rua, numa ou noutra madrugada insone, aquilo é deixado principalmente por mendigos acostumados ao desenlace despudoroso. Naquele veículo sólido viajam, com certeza, mundos e mundos de bichos, cada espécie sediada em determinados ambientes, chupados, se quarto de despejo houver, pela descarga do vaso sanitário ou, se faltar o próprio, deixados na relva de terreno baldio mais ou menos hospitaleiro. O ciclo não se fechou, apenas se prolonga indefinidamente. Ao redor sobram os gases com seus odores próprios, nada de anormal, afirmo-o, embora constituindo angústia permanente daqueles que nos elevadores pensam estar sozinhos até que chegam outros a se entreolharem desconfiados sobre a autoria do flato, ou do peido, optando-se agora pela expressão chula. É o nome escolhido por Salvador Dalí, "Tratado Geral do Peido", ou título parecido, o tresloucado escultor e pintor (muito mais pintor que escultor) escreveu livro sobre o assunto, examinando as dezenas de formas de manifestação de tal fenômeno energético. Esmerou-se o catalão em descrever as variadas demonstrações de formação do flato intestinal, o fino, o médio, o grosso, o agressivo, enfim, desfechados por jovens dedicados a brincadeiras de mau gosto nos grupelhos transitando por aí, sem exceção do pundonoroso "pum" posto no mundo exterior pelo sacerdote compungido enquanto ouve a confissão de mocinha que pensa estar contando novidade mas apenas repete faltas contadas pela derradeira, pela anterior da anterior e pela antepenúltima, sem originalidade qualquer, não há pecados originais, todos são repetitivos, mesmo aqueles purgados pelo batismo. Conta-se que Pacelli (Pio XII), embalsamado segundo técnica experimental conduzida por seu médico particular, preservando-se os intestinos, cheirava tão mal, enquanto velado na Basílica São Pedro, que um guarda desmaiou. Ouviam-se dentro do caixão barulhos seguidos de arrotos e expulsão outra de gases. O nariz do defunto se despregou. Já se vê que o próprio emissário de Cristo na terra, separando-se do invólucro mortal, não pôde preservá-lo da vergonha final.

O peido é ao mesmo tempo grande demonstração da miséria humana e perfeito engendramento químico do universo. Psiquicamente, confunde-se com a grande expressão da miséria humana: o câncer. Quantas espécies dessa diabólica distonia existem? Um velho e experiente médico, instalado, como "O Egípcio", de Mica Waltari, na antiga Casa dos Mortos (Hospital Antonio Prudente), hoje salvando sessenta por cento dos pacientes, me disse que há umas seiscentas. Estas mais frequentes, aquelas raras, uma terceira espécie raríssima, despertando intensa curiosidade dos cientistas que correm de um lado para o outro do laboratório mostrando a peça a ser entronizada na lâmina ou na campânula providencial, faltando somente plantá-la num vaso de flores à guisa de uma orquídea amarronzada. Que bailado sinistro, o câncer e o flato dos intestinos. Este pode viver sem o outro, mas aquele não existe sem o primeiro. Basta consultar enfermeiros sensíveis a tais estatísticas. Peidos são onipresentes. Confundem os amantes na cama, perfumam gordamente os ambientes, surpreendem os Chefes de Estado, os Obamas e Lulas, sem desprezo a ministros e ministras da Suprema Corte, projetam-se, indiscretos, nos fluidos das cabinas de ônibus e nacelas de aviões. Vão a enterros nas salas de velórios e se põem fora das entranhas dos próprios defuntos. Nas tumbas, o oxigênio continua a fluir, e a vida, sob parâmetros diferentes, prossegue, incontrolável, inidentificável na profusão, disposta a competir lá fora ou mesmo dentro dos incineradores, povoando o chão e se disfarçando dentro da fornalha até pousar, se for o caso, a título de adubo, sob o tronco frondoso plantado nas cercanias. Deve ser por tal razão que no passado, ou mesmo nas regiões menos civilizadas, ou ainda no agreste nordestino, os seres queridos são inumados nas proximidades de árvores assim. Os cemitérios têm, seguramente, bom desenvolvimento do arvoredo...

As antíteses, ou os opostos, fazem parte íntima da natureza. Computadores não têm o talvez. Nós os inventamos assim. Tocante à existência, valem os opostos. Não param sequer no adubo orgânico. Na natureza, "nada se cria, nada se perde, tudo se transforma" (Lavoisier). Genial descoberta, sim, que não impediu fosse o grande cientista conduzido à guilhotina, juntamente com outros intelectuais da época. A revolução francesa não o perdoou por se ter tornado um coletor de impostos. Quantas misérias podem ser contadas do movimento tão decantado hoje, glorificado no trinômio liberdade, igualdade, fraternidade? Cortou-se o pescoço de homem que pôde explicar, inclusive, a causação química do odor realizado pela materialização de um simples "peido", anulado à produção de prosaica chama de um fósforo? Isso é particularidade a ser analisada por físicos e químicos, sem maiores complicações na atualidade. Aliás, a lei de Lavoisier se aplica até mesmo à fome extravagante dos galináceos. Lá no interior, onde tenho chácara quase parede-meia com a de Fernando I e Único, pode haver famílias defecando e usando as fezes em adubação das hortas, produzindo magníficas e gostosas alfaces e couves. Novidade não é, pois o esterco faz muito bem a tais vegetais. É lembrar, por outro lado, que o assunto, embora horripilante para nós metropolitanos, já serviu de tema para livro que releio de vez em quando, "Xogum", de James Clavell, já citado aqui. Há ali passagem muito adequada. Transcrevo-a: "Normal era urinar ou defecar ao ar livre se não houvesse latrinas ou baldes, simplesmente erguendo o quimono ou abrindo-o, agachando-se ou ficando em pé, todos os demais polidamente esperando sem olhar, raramente havendo divisórias para a privacidade. Por que se deveria exigir privacidade? E logo um dos camponeses vinha coletar as fezes e as misturava com água para fertilizar as plantações. O excremento humano e a urina eram a única fonte substancial de fertilizante do império. Havia poucos cavalos e bovinos, e nenhum outro recurso animal em absoluto. Portanto, cada partícula humana era guardada e vendida aos fazendeiros de todo o país. E depois de se ter visto os bem-nascidos e os humildes abrindo ou levantando os quimonos, e ficando em pé ou agachando-se, não há muito com que se sentir embaraçado" (Obra citada, Editora Nórdica, pág. 359). Aliás, cocô de galinha é excelente fertilizante. Aquele bicho horrível tem apenas vinte e quatro papilas gustativas. O sabor do alimento, para ele, é indiferente. Come pedras, couro, sapato, feijão podre, arroz empapuçado, carniça e os dejetos de animais. Manda tudo para o papo sem dissabor qualquer. A propósito, tenho, sim, pavor destas, a partir do dia em que, pequenino, vi minha avó espanhola metendo uma faca afiada no pescoço de uma, preparando-a depois para o jantar. Aconteceu àquele animal, soube depois ao estudar a revolução francesa, fato assemelhado aos dois mil guilhotinados na Praça da Bastilha e adjacências no prazo de um mês, a mesma insurreição que nos legou a Declaração Universal dos Direitos do Homem e do Cidadão: a guilhotina trabalhava seis horas ao dia. Cabeças rolando entre golfadas de sangue, bocas e olhos se mexiam ainda durante algum tempo, assemelhadamente a corpos estrebuchando e dentes rilhando ao som da "Marselhesa": "Alons enfants de la patrie, le jour de gloire est arrivée, contre nous de la tiranie, l´etandart sanglant est levé..." que ironia, que maldade inominável, que maldita herança nos deixaram Marat, Robespierre, Saint Just e Danton, eles próprios seccionados pela dama diabólica! Viu-se, vê-se, iniciei falando de adubos orgânicos, passei aos galináceos em geral, estanquei casualmente nos antecedentes dos regimes democráticos mundiais, toquei no ferro agudo da madame criada pelo doutor Guilhotin, inventor de morte dita igualitária, e termino afirmando que tenho horror àqueles animais, talvez em razão de serem servidos na várzea, durante almoços ou jantas, aqueles pés fritos ou cozidos, garras na verdade, recurvas e ameaçadoras até na imobilidade. A enciclopédia as descreve: "São da espécie Gallus Domesticus (aves galiformes e fasianídeas). Têm bico pequeno, asas curtas e largas e não voam, apenas fingem. São onívoras, mas comem, também, pequenos invertebrados". Já existiam antes de Cristo mas, apesar de serem fonte considerável de proteínas e servirem, inclusive, à mesa dos cristãos, não gosto delas. Minha avó catalã e assemelhadamente os mártires da revolução francesa são responsáveis pelo meu ódio a tais criaturas infernais. Deveria enraivecer-me, também, com águias, falcões e condores, mas nunca me foram oferecidos à mesa, filetados ou em coxinhas aparentes. Isso me recorda de que não são servidas coxinhas em cerimônias rebuscadas. Poucos convivas saberiam degustá-las usando garfo e faca. Correr-se-ia o risco, além disso, de um salto inesperado do prato à pressão indevida do talher. Aconteceu isso a minha mãe, num baile. O vestido decotado abrigou uma coxinha entre os seios dela. E rimos bastante, nós à mesa, mas disfarçamos, para que os demais não percebessem. Pelo sim pelo não, retorno à águia e ao condor. Este já pertence ao gênero falconiforme. É, em princípio, saprófago (alimenta-se de carne em decomposição). Tem um colar branco no pescoço, explicando-se tal fato. A penugem é limitadora da introdução do bico nas entranhas dos animais que lhe servem de alimento. Mas não desgosto dele. Descrevi-o de outra forma, diga-se de passagem, em trecho do melhor romance que escrevi, "Dolores", antes encalhado nas livrarias e agora encontradiço em "sebos" abertos alhures. O condor costuma pesar não mais de quatorze quilos. Seu corpo é engenhosíssimo emaranhado de músculos e nervos. Carne, mesmo, é muito pouca. Vive nas alturas e tem visão agudíssima. Não é palatável ou, se o for, será em circunstâncias extremamente agudas geradas em algum alpinista perdido nos altiplanos.

Terminando, dizem que galinhas são burras e incapacitadas de ligações conosco. Outro dia, vi na televisão um urubu ensinado (não é da mesma família). Aquele carniceiro feio se ligou a um rapaz que o recolhera no chão, depois de acidente num fio que lhe quebrara uma asa. A ave sarou. Voltou a voar e não deixava a proximidade do benfeitor. Pousava na cabeça e nos ombros do dono, providenciando-se uma espécie de proteção de couro para impedir que protuberâncias pontudas o ferissem.

O urubu é primo pobre do condor. Este atinge os dois mil metros de altura, tem agudíssima visão e prefere, ao caçar, aquela presa doente que não consegue acompanhar o resto da manada. Ataca-a quando a vítima não pode mais resistir. Gosta das partes moles. Olhos são iguaria ótima. Assemelham-se a piratas que aguardam a tempestade para abordar os inimigos enfraquecidos.

XVIII

Procuro caneta para continuar a escrever. Tenho umas duzentas, mas prefiro aquela não localizada. Vi num livro qualquer que Deus não é engenheiro, é um "hacker" intrometido em tudo, espião onipotente e onipresente, atrapalhando constantemente nossos planos. Não sei se Deus existe. Instintivamente, credito-lhe condição de ser supremo criador do céu e da terra... isso já é demais, mas de repente veio a convicção de o universo ser muito bem encaixado, até mesmo no come-come da natureza. Há um equilíbrio que não pode ser só o fruto do acaso. Ver-se-á, a tempo certo, o mistério descortinado. É só esperar.

Deus está em todos os lugares, é o que se afirma. Deus, os anjos e os santos, sempre uma hierarquia dimensionada em qualquer seita ou religião. Existem Oxossi, a deusa Iemanjá e outras tantas divindades na Umbanda, consegue-se, enfim, encontrá-los, mesmo na antiguidade, a partir de Zeus, Hércules, Diana, etc. No fim dá na mesma, uns maiores e mais importantes que aqueles, pois o poder faz parte do imaginário.

Enquanto pequeno, fui educado como católico. Ali havia o pecado, a contrição, o castigo e o perdão. É o pressuposto que gostava de ensinar aos alunos de direito processual penal: a punição de quem pecou. Nada de ressocialização ou de análise puramente psiquiátrica do comportamento infracional. Partia do pressuposto da responsabilidade plena, da culpa sim, do dolo e da repressão ante o cometimento do crime. Não havia aquela descrição da interferência entre o físico e a psique. O homem faz o que faz por querer fazê-lo, e fim. Há, evidentemente, ocasiões em que se desequilibra a mente, seja em função de doença típica, seja em razão de acidente provocando lesões graves no cérebro. É preciso, então, partir para análise diferente, nunca igual ou assemelhada à que se fazia na Idade Média, queimando-se na fogueira as feiticeiras. Isso acontecia bastante nos séculos XIII e XIV, até que se entendeu, mesmo, que a insanidade mental era um fato dos homens e não dos deuses. Há em Paris, ainda, acredito, um hospital famoso (Salpêtrière), dirigido à época por Charcot, para tratamento de doenças tais. Recordo-me de uma obra denominada "O Livro de San Michele", referindo aquele tempo. Seu autor foi Axel Munthe. Famoso à época e ainda lido, é obra a não ser desprezada por estudantes de medicina, embora os moços não leiam muito na atualidade. Destaco-lhe um só trecho. Poucos intelectuais se dedicam à relembrança de obras assemelhadas. Valem as capas multifacetadas, só possíveis em razão da tecnologia aperfeiçoadora das artes gráficas:

"Tinha-me familiarizado com a maior parte das doenças que algemam os pacientes nas camas do hospital. Já aprendera a manejar as afiadas armas da cirurgia, a combater com melhores possibilidades a implacável inimiga que, armada de foice, sempre pronta a ferir, errava pelas salas à toda hora do dia e da noite. Com efeito, parecia que a morte se tinha alojado definitivamente no velho e tenebroso hospital que durante séculos alojara tanto padecimento e tanta dor. Às vezes punha-se correndo pelas salas, ferindo à direita e à esquerda, jovens e velhos, com cego furor, como louca, aqui, estrangulando uma vítima com o estreito enclavinhar da mão, ali, arrancando a outra o penso da ferida aberta, até manar a última gota de sangue. Por vezes chegava na ponta dos pés, silenciosa e calma, e, com dedos quase mimosos, fechava os olhos de outro desgraçado que assim ficava para sempre, estendido e quase sorridente, depois da sua partida. Eu, que estava ali para impedir que ela se aproximasse, muitas vezes não dava pela sua presença. Só os pequeninos, que estavam encostados ao seio das mães acordavam em sobressalto, com um grito agudo, sentindo-a passar. A miúdo também, as velhas monjas, que tinham passado toda a vida naquelas salas, viam-na chegar a tempo de pôr o crucifixo na cama. A princípio, quando a morte se encontrava vitoriosa dum lado da cama e eu permanecia impotente, do outro lado, pouca atenção lhe dava" (Obra citada, 1935, edição da Livraria do Globo, página 36). Axel referiu as antigas freiras familiarizadas com a chegada da bruxa maldita, mas não pensou nos cães. Crianças e cachorros sabem quando ela vem, já o disse. As primeiras se assustam, os últimos

passam a ganir nos quintais, muitas vezes antes da visita daquela torpe enviada das brumas...

Doentes mentais, ainda hoje, não são bem recebidos na comunidade. Veem-se muitos por aí, nas ruas, embora haja serviços públicos de recolhimento e manutenção de tais criaturas. Consta que as mesmas se transformam, se hospitalizadas, em autênticos zumbis mantidos em letargia a poder de tranquilizantes diversos. A única ligação que tive com eles surgiu há quatro décadas, quando obtive habeas corpus para libertar um deles do famigerado manicômio Franco da Rocha. Para quem não sabe, esse hospital levava o nome Juqueri, sendo fundado por Francisco Franco da Rocha, psiquiatra destacado que integrava um grupo determinado a trabalhar com a eugenia. Franco da Rocha, atualmente, é sinônimo de negatividade. Juqueri, outra denominação, é pior ainda. É a tal mania de se dar nome de pessoas ilustres a casas de tratamento mental e presídios. Flamínio Fávero, diferenciadíssimo professor de medicina legal, tem seu nome no frontispício de um cadeião. Nélson Hungria, dos maiores penalistas que o Brasil produziu, identifica outro cárcere de má-fama. Provavelmente, o estabelecimento penal de segurança máxima construído em Catanduvas por Márcio Thomaz Bastos será batizado com o prenome dele, depois de morto. Triste sina...

Caim matou Abel, segundo consta. Antes disso, ou num episódio atemporal, fábula talvez, houve conflito sério nas alturas entre o Arcanjo Gabriel e Lúcifer, aquele anjo revoltoso que resolveu enfrentar Deus. É a divergência entre a vida e a morte, a última sempre vence, inexoravelmente. Estou convencido de que o universo é binário. A extinção de um significaria a manutenção da existência do oposto, sem dúvida alguma. Até os milhões de mundos que carregamos dentro do corpo são assim: os males que sofremos significam a demonstração de embate com bactérias e vírus sem conta. Se destruímos alguns, sobrevivemos e vice-versa. Dentro de tal padrão, não há paralelismo de forças. Existe sempre uma briga selvagem na natureza, sem exceção de micróbios, insetos, predadores, homens e demais espécies postas na concretude. Fatores extremamente anômalos, mas não menos traumáticos, pois carregamos conosco miríades de corpos estuantes de potencialidade.

XIX

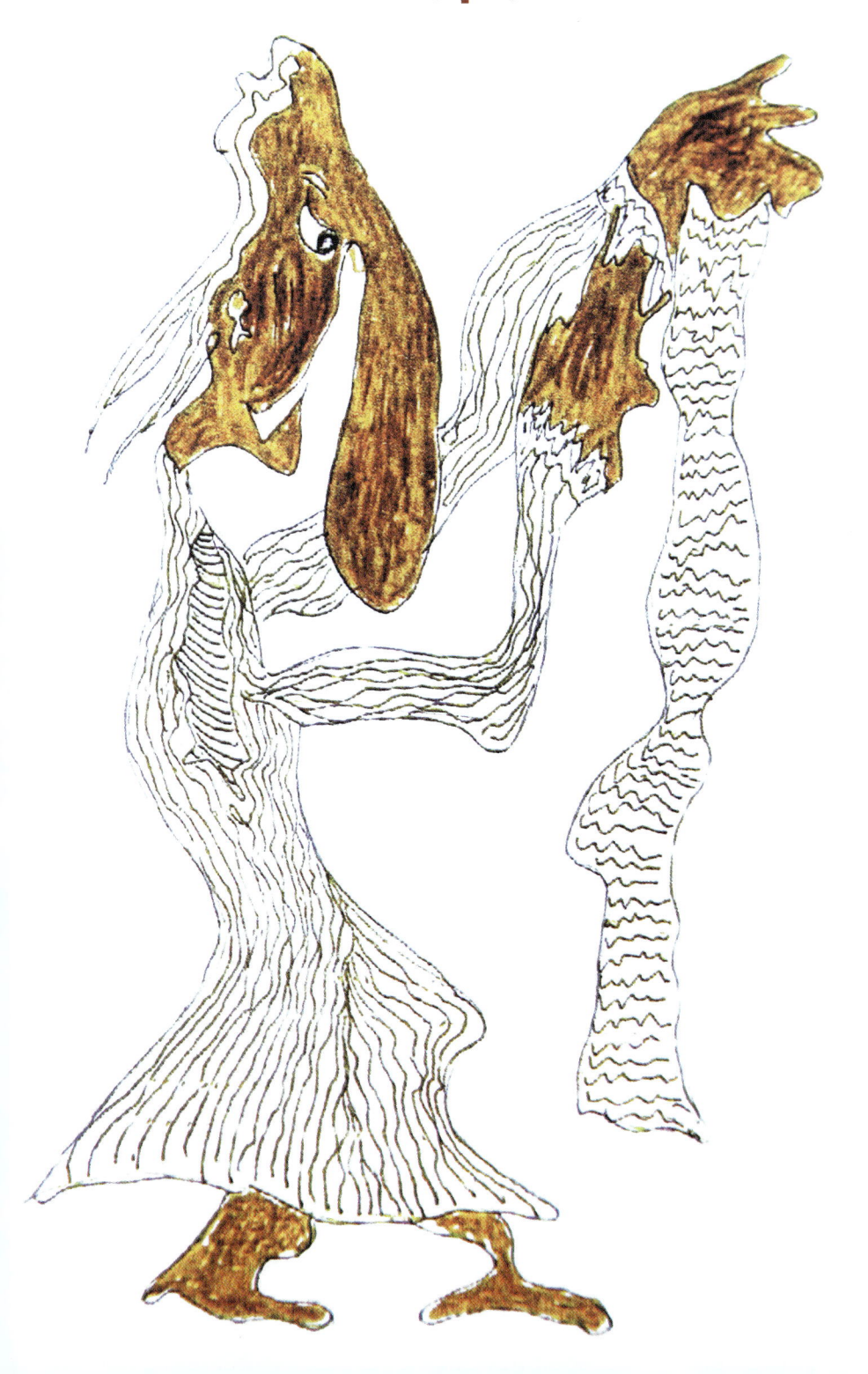

Afirmar a existência de um universo binário não tem característica alguma original. O homem não o consegue nas chamadas ciências da alma. O que é pensado hoje já foi pensado antes. Repete-se o raciocínio, infiltrando-se-lhe nova roupagem, mas o medular é idêntico. No campo das descobertas, diz-se que Fleming, Alexander, teria identificado a penicilina à visualização de porção de mofo isento de bactérias. Fala-se, entretanto, que chineses antiquíssimos cicatrizavam feridas com emplastros de folhagens contendo fungos. Descobriu ou assimilou? Reflexão ou acidente de percurso?

      A própria história, antiga ou moderna, pouco importa, tem muito de lenda, suposição, ou mesmo fabulação, três sinônimos para o mesmo tema. Homens e deuses se misturam na antiguidade. A imaginação parece fazer parte do mecanismo da memória. Isso vem exposto em "O Cérebro", de John S. Raley. Este escreve: – "Os terapeutas comentaram até que podiam instalar muito facilmente numa pessoa lembranças relacionadas com experiências que, de fato, nunca aconteceram com ela, e que isso acontece muito em terapia". O autor continua, referindo-se ainda à memória: – "Muitas pessoas confundem as mudanças normais da memória associadas à idade com a grave condição clínica associada ao mal de Alzheimer, uma forma de demência senil. As estatísticas mostram que não mais de 10 a 15% das pessoas entre os 65 e os 100 anos mostram sintomas de demência senil clinicamente diagnosticada. No entanto, graças às sugestões – ou talvez explicações – fornecidas pela imprensa popular, uma grande maioria da população idosa juraria estar com a doença".

Esquecemo-nos das coisas? Fabulamos? Inventamos? Conheci uma criatura, bem-dotada intelectualmente, que afirmava, repetidamente, referindo-se a uma viagem de navio feita alhures, não gostar da comida de bordo. Mandava buscá-la em terra. Aquele homem, muito mais tarde, morreu subitamente. Telefonei à mulher que me disse, entre risos e prantos, que o marido pulara no precipício com simulacro de asas de lona presas nos sovacos. Era leitor compulsivo de histórias em quadrinhos. O relato é verdadeiro...

A recordação de acontecimentos importantes se liga, repetidas vezes, ao ambiente que nos cerca, à idade da personagem e fatores intercorrentes. Diluem-se tais rememorações, inclusive, em problemas instrumentais do organismo da criatura investigada. Nisso, há glândulas desempenhando papéis muito interessantes. Por exemplo, houve mulher que teve uma delas extraída. Passou a não ter emoções como a ira e o medo. Podia até entendê-las, mas não as sentia.

XX

A consciência, a memória e a percepção do significado de estar vivo são atemporais. Presente o triunvirato, mais a imaginação, o ser humano viaja às estrelas e ao centro da terra em fração de segundo, numa atividade psíquica verdadeiramente extraordinária. Daí a expressão "fabular", ou seja, partir para a ficção, a mentira, a deformação do que foi visualizado e experienciado. Certa vez, enquanto professor universitário, pedi aos alunos que me descrevessem um lápis, após exame atento feito por todos. Não houve quem o conseguisse, é claro, pois a realidade do objeto, em sua textura essencial, fugia e foge ainda à captação plena. É o que acontece globalmente: átomos, prótons, elétrons, microcosmos conhecidos e muitos a conhecer, nunca chegando ao infinito pequeno, o que me lembra um dos meus escritos preferidos em criança, "Tarzan e os homens formigas", de Edgard Rice Burroughs, quem o lê hoje? Talvez um "nerd" desprezado pelo grupo, pode ocorrer.

Ao escrever que a vida psíquica é atemporal, tenho alguma razão. Projeto-me num mundo estranho, imagino-me aqui e ali, penso-me mais moço ou até mais velho, amo, odeio, rio e choro, tudo num surrealismo surpreendentemente visualizável aos olhos da alma. Vem à mente, a propósito, personagem que conheci enquanto adolescente. Seu apelido: "Alan Ladd", ator de cinema com quem tinha certa parecença. O rapaz se convenceu de ser aquele herói de filmes de "Far West". Andava pelas ruas e praças, submetendo-se às críticas dos passantes. Usava duas armas de brinquedo à cintura. Outro se fingia de Cauby Peixoto, ainda vivo o último, dando shows com sua voz maravilhosa num bar antigo da região "dark" de São Paulo. Aquele sósia cantava na Praça da Sé e adjacências, usando microfone de mentira.

Atendia a pedidos. Perceba-se, não imitava o brasileiro que cantou "Night and Day" melhor que Nat King Cole; ele "era" o próprio.

Às vezes, para melhorar o tônus de uma palestra, costumo perguntar às moças se não praticam ao espelho um trejeito de atriz famosa. Relembro Angelina Jolie. Não há quem se denuncie, mas existem cirurgiões plásticos, em São Paulo e por aí, metendo "botox" ou material mais moderno acima dos lábios das mulheres, pretendendo obter o "Efeito Angelina". Fica bom, fica ruim; bom ou ruim, desaparece com o tempo, quando não deforma a infeliz.

Em pequeno, eu me escondia intermitentemente dentro de uma enorme caixa d´água inservível abandonada num terreno baldio ao lado da minha casa. Limpei-a cuidadosamente. Tinha o tamanho de um quarto pequeno. Ali eu me encantava com revistas emprestadas pelos amigos ricos. Preferia "Príncipe Submarino" e "Flash Gordon", aquele por ser moleque de praia, este em quase premonição do que já existe hoje, naves espaciais rodeando o globo e navios celestiais em acoplamento periódico levando comida e peças de reposição. Aprendi a fumar dentro daquela casamata. Ocasionalmente desfolhava revista pornográfica (era hora disso), mulheres totalmente nuas ainda não apareciam, apenas sugeriam intimidades físicas maiores. Já contei. As imagens eróticas nunca me saíam da memória. Continuavam presentes, nas raras oportunidades em que fazíamos, eu e uns poucos, concurso a saber quem urinava mais longe... acontecia a título de estímulo supremo.

Era dramático e engraçado, um bando de garotos, pintos pra fora, numa autêntica maratona, encostados junto à penumbra, preparando-se ardorosamente para a extravagante cena. Trouxe daqueles espetáculos um esquisito pudor quando, já maduro, precisava, no clube, tomar banho coletivo. Nós homens somos curiosos: ficamos nus mas não nos olhamos, com receio de comparações meditativas quanto ao tamanho das protuberâncias. Seriam as mulheres assim também?

Quanto à categoria da disputa, tínhamos uns macetes consistentes na introdução na uretra de pequenas hastes de canudo de refrigerante, não aqueles grossos usados habitualmente na atualidade dos bares, mas uns fininhos vistos raramente nos restaurantes. Quem urinava mais longe? Independentemente disso, toda vez que vou a jantar fora, quase sorrio – até sorrio – à chegada dos canudinhos. Comparo-os aos originais e os rejeito mentalmente, não serviriam, é claro, ao desafio tresloucado. Doía, mas o esguicho, evidentemente, saía muito forte. Só funcionava com garotada estranha e não entronizada na arte. Relembro, embora não haja analogia, "Capitães de Areia", de Jorge Amado, ou "O Encontro Marcado", de Fernando Sabino. Tentei aprender com ambos a arte de escrever. Tento ainda...

Fala-se em atemporalidade da consciência. Talvez a expressão seja incorreta. Quero dizer que o pensamento viaja pelo tempo numa elasticidade incrível, entrecruzando o palpável e o imaginário, a verdade relativa e a ficção quase absoluta. Isso acontece muito aos historiadores. Tocante à minha vida, e à de todos, sempre há confusão muito estreita entre a realidade e a fabulação. Somos respeitados mas contamos as mentiras convictamente, disfarçadas ou embrulhadas em providenciais metáforas. Costumo referir a caixa d'água onde me ocultava em garoto. É mentira. Tive seguidamente muita vontade de lá entrar, mas faltou-me coragem, aquela mesma a me impedir de algumas atitudes extremas no desenvolvimento do trabalho insano de me manter vivo. Minhas dissertações sobre o aposento extravagante são, no contexto, produto de mitomania concentrada. Coisa ridícula, um mitômano escondido num prosaico e malcheiroso reservatório abandonado num terreno cheio de mato.

Outra fabulação: odeio militares, sim, mas não por ter sido preso após fuga para frequentar baile de fim de ano. Não tive destemor suficiente a tal ato de heroísmo. Fiquei de guarda, bisonhamente, fuzil a tiracolo e smoking na sacola verde, precisando devolvê-lo depois enquanto ouvindo xingamentos do japonês dono da loja de vestidos de noiva. Na cabeça, mantive o conto de fadas, eu chegando impecável aos primeiros compassos do "Feliz ano-novo, feliz ano-novo", a taça de cidra e acessórios, o beijo na boca da namoradinha, o primeiro, diga-se de passagem, colhido na penumbra deixada pelo apagar das luzes em comemoração, só velas e o espoucar dos rojões lá fora, aqueles seios pequenos e rijos contra o meu peito, cena maravilhosa esvanecida por um sargento de maus bofes que implicara com a medalhinha dourada levada no pescoço pelo soldado. Foi por causa disso, é óbvio, que me coloquei contra os milicos, em 1964, depois do golpe de primeiro de abril, nenhuma simpatia pelos comunistas ou por João Goulart, apenas a frustração do abraço não consumado ou do contato daquele corpo desconhecido e só imaginado. Pisguem-se os milicos, mais suas demonstrações de força e hinos nacionais. Separaram-me da menina na meia-noite de um 31 de dezembro. Ofensa mortal. Pegaria em armas contra eles, arrostaria trincheiras e os enfrentaria nas selvas, quem sabe, por desforço e vingança oposta àquele ato de desamor praticado por um brutamontes frustrado. Eis aí, perceba-se, a demonstração precisa da personalidade do fabulador. Verdade? Mentira?

Sou um contador de potocas, repito, mas quem não o é? Um pedaço autêntico aqui, uma fantasia adiante e a existência segue. Afirmar-se que uma descrição é absolutamente adequada à realidade constitui falácia sem-par. Não se assevere o mesmo do famoso teorema de Pitágoras (A soma da área dos quadrados dos catetos é igual à área do quadrado da hipotenusa). Aqui, não há possibilidade de discussão. A soma disto é igual àquilo. Tem-se, então, que a geometria, salvante a falibilidade humana, contém verdades insofismáveis, dependendo, evidentemente, dos analistas que a interpretam ou aplicam. Quanto a mim, sei do teorema por ter usado, no tempo de colégio, engenhoso relógio de pulso, que inventei, contendo tal formulação, mais respectivo desenho, postos num rolinho de papel-seda que se desenrolava a poder da própria elasticidade do quase pergaminho ligado a dois eixos transversais. Invenção não comparável às colas eletrônicas constitutivas, hoje, da preocupação das bancas de concurso, aquele instrumento não chegou a ser usado, pois de tentativa em tentativa de desenhar o minúsculo teorema terminei decorando o esquema, sendo aprovado no exame final.

Toda realidade é sujeita a interpretações mil, ressalvando-se os símbolos que a representam. Uma xícara é uma xícara absolutamente individualizada, única no gênero, só ela é a própria, sendo insuscetível de imitação perfeita. Serve para tomar água, chá ou café com leite, mas é muito mais. Pode transformar-se, inclusive, numa arma, se a quebrarmos, usando seus pedaços pontiagudos para ferir alguém. Não me sinto, depois desse exemplo prosaico, confortável com essa questão de realidade. É tão matizada que não se consegue extrair conclusão afirmativa sobre a captação do fenômeno. Li o livro de um oriental, "A linguagem no pensamento e na ação", preservado num canto qualquer da minha biblioteca. O escritor, a certa altura, usa uma vaca pintalgada para explicar suas perplexidades. Põe à frente do animal um engenheiro, um fazendeiro, um veterinário e um coureiro. Um lhe elogiou o posicionamento físico, outro avaliou a saúde do animal, o dono do cortume contou os furos de bernes e assim por diante, cabendo ao fazendeiro a estimação do preço a alcançar numa potencial venda. Em suma, a palavra "vaca" se reportava a um quadrúpede, sim, mas aquele bovino nunca teria sua realidade plenamente alcançada. Portanto, nada é absoluto, tudo é relativo. A relação de causalidade entre os múltiplos aspectos da verdade de uma vaca é infinitamente expandida. O próprio efeito é também uma concausa. A fabulação, em si, se insere na tentativa de localização da verdade...

XXI

Tenho horror a esferográficas. Vale menção a um filme com Meryl Streep. Esta, representando uma freira severa numa escola católica, considera falta grave o uso de canetas desse tipo pelos alunos. Aquilo prejudicaria o traço e a inclinação da mão, dificultando a interpretação da vontade posta no texto. Dentro da livre associação de ideias, trago o que considero o maior pecado de Vinicius de Moraes, meu poeta predileto. Antes de começar a cantar uma das muitas canções que compôs, elucubrou algumas frases, dizendo que estava reunindo todas as suas esferográficas para começar a trabalhar. Segundo a freira de "A Dúvida", instrumentos assim deveriam ser proibidos às crianças e aos adultos. A personagem tem razão. Meu amor por canetas-tinteiro vem da adolescência. Eu queria desesperadamente uma "Parker Vacumatic", daquelas rajadas, assemelhada às usadas por colegas bem aquinhoados pela fortuna, mas só podia adquirir imitações baratas que me sujeitavam a riscos, a mão ficava toda manchada da tinta vazada. Outrotanto acontecia a isqueiros, existia o "Zippo", herança das forças americanas que haviam lutado no Vietnã. Fabricados em aço inoxidável, eu os invejava muito. Parece pouco importante, mas a vida é feita de minudências assim. Ao acrescentar mais idade, comecei a colecionar canetas e acendedores de cigarros. Tenho, hoje, cerca de duzentas das primeiras, abandonando os últimos depois de parar de fumar. Tive um isqueiro lindo, em prata, que usava com uma cigarreira em meia-lua, também do mesmo metal. Perdi-o num terreno vazio que pretendia comprar, em Campos de Jordão. O acessório fora presente de pessoa muito querida. Compulsivo como era – e sou –, voltei ao local, adquiri o terreno que de resto era pequeno e continuava com o mesmo dono, mandei carpi-lo inteiro, peneirar a terra e localizar o objeto, bastante sujo, é certo, mas esperto. Conservara o gás e acendeu após algumas tentativas. Não digo o nome do produto para não fazer propaganda do fabricante.

Escrevo estas páginas na madrugada de 21 de abril de 2009, noite tão comprida quanto outras às quais me acostumei. Nascem e morrem milhões de seres no período noturno. Paciência! Lá se foi Waldir Troncoso Peres, em doze deste mês, depois de muito sofrimento, um príncipe da advocacia criminal, orador como poucos, feio, sim, mas bonito quando oculto dentro da toga negra que se enrolava naquele corpo magro e antes prejudicado pela bebida que deixara, jogador compulsivo a desafiar a sorte até na adivinhação de placas de automóveis a dobrarem a esquina.

Paciência! Waldir partiu aos oitenta e dois. Vivesse na plenitude até os oitenta, já era bom, pois o biênio final foi terrivelmente doloroso. A mulher o retirou do convívio, no que fez ótima opção, pois o preservou, ele, que tinha o dom da oratória, queria falar e não conseguia, precisava movimentar-se e ficava quase na imobilidade plena. Relembro Sigmund Freud, o introdutor do estudo metodizado do psiquismo, consumido por odioso câncer de mandíbula provocado por charutos que fumou durante toda a vida, aquela coisa a lhe invadir o palato, deixando-o, no fim, com odor que nem mesmo o fiel cão ousava aguentar. Uma velha ave ferida buscando alçar voo com asas amorfas sem conseguir sair do chão, como na canção do trovador francês, enquanto vigiada por sofridos circunstantes. Aliás, grandes cientistas, filósofos diferenciados, poetas e outros tantos inscritos nos arquivos da humanidade não parecem ter final ortodoxo, aquele fecho clássico representando por moribundos cercados pelos familiares sofridos. Nietzsche morreu antes dos cinquenta anos, constando que a sífilis ou lues, por ele chamada de "A pequena parisiense", o consumiu na meia loucura. Aconteceu igual com Guy de Maupassant. Nem se fale de Gauguin. Vale o registro em analogia ao que sucede, às vezes, com o HIV (Aids). Michel Foucault, de quem leio repetidamente "Manicômios, Conventos e Prisões", morreu disso. Há outros distintos intelectuais resistindo à virose satânica, posta agora em regime de combate feroz com antivirais modernos, resultando sobrevida antes não alcançada. A associação livre de ideias me veio à constatação de que o autor de "Assim Falou Zaratrustra", no entremeio, não era estranho ao criador da psicanálise, havendo igual reunião com Salvador Dali, sempre o mesmo círculo a rolar naquela Europa estimulante e desesperada. Havia, segundo se acreditava e acredita ainda, algumas doenças adquiridas transformando o doente, durante algum tempo, em criatura com traços de genialidade. A epilepsia, por exemplo, era tomada como denotadora de endeusamento entre os egípcios construtores das pirâmides.

Escrevi, logo após a morte de Troncoso Peres, texto afirmando que os velhos garanhões manquitolantes são mortos com certeiro tiro na cabeça, para não padecerem agonia maior, sabendo-se que aqueles nobres animais, patas fraturadas, morrem devagar, não podendo sustentar o próprio peso. Se assim é com os animais, dever-se-ia fazer o mesmo com os homens: um tiro só, poupando-se-os da agonia vilipendiosa. Infelizmente, prolonga-se a existência do moribundo até limites inadmissíveis. Veem-se criaturas encarquilhadas sendo empurradas em cadeiras de rodas, assemelhando-se a espantalhos afastando as petizes e forçando os familiares a desejar que morram, numa paradoxal vontade-contrição. O conflito se repete diariamente em centenas de hospitais, persistindo o doente vivo até que um parente mais corajoso, ou discípulo, a exemplo da agonia de Freud, lhe injete dose maciça de tranquilizante, levando-o ao sono definitivo.

Não sei se é bom ou ruim, mas acredito profundamente que a dignidade do ser humano deve ser mantida aqui na terra e preservada à partida. Não é por razão diversa que os torturadores se esmeram no envergonhamento dos prisioneiros, envilecendo-os antes de lhes fisgarem as carnes. Basta, muitas vezes, o simples desnudamento prolongado das vítimas. Sem proteção das roupas, humilhadas, prostradas, perdem a resistência e admitem até o que não praticaram.

Falando no diferenciado psiquiatra, tenho-o lido muito, estudando, inclusive, o que dele se tem dito. Há uma última biografia do grande cientista, escrita por um de seus críticos, desmitificando-o. Visitado por figuras exponenciais na arte e na cultura, valendo citar Picasso, "Sig" não seria, segundo seu biógrafo mais recente, tão amável assim. Impiedoso com adversários e com os próprios seguidores que o contrariassem, legou-nos cartas repletas de paradigmas burgueses estavelmente colocados de acordo com as convicções sociais daquela Viena que seria, quem sabe, o centro cultural do mundo, uma cidade bem povoada por adeptos de Jeová ou descendentes deles. O criador da psicanálise reinou, embora não professasse o judaísmo. Desconheço aquele destacado município austríaco, mas escrevi certa vez, pensando no nazismo que ali se radicalizou, uma frase deixada por filme que muito me impressionou: "Júlia manquitolando pela Viena Antiga, sensível ao som das valsas que os gritos de dor não conseguiam abafar". Foi isso, gênio da humanidade salvo da suástica por esforços de Maria Bonaparte, sobrinha-neta do general, conta-se que a liberdade do grande psiquiatra foi comprada da Gestapo, benefício não estendido às irmãs do médico ilustre, levadas a campo de concentração do qual não mais saíram. O cientista, todos sabem, foi morrer em Londres, sendo recebido, ali, com honras e reconhecimento pleno. Maria, mais seguidores, teriam conseguido aquele quase milagre, mas o fugitivo, já velho e doente, não resistiu prolongadamente.

Verdade ou mentira? O analista teve seis filhos quase em seguida. Censurava a masturbação e o coito interrompido. Não deixou retrato muito elogiável de sua dedicação à família. Não o examinam como homem feliz, mas permanentemente compelido pela especialidade.

Há conceitos muito complexos sobre psicoterapia. O cérebro, de seu lado, tem sido explorado por neurologistas e cirurgiões especializados. Há infindáveis discursos sobre problemas físicos no cérebro e transtornos de comportamento. Epífise, hipófise, pituitária, tireoide, glândulas de secreção interna em geral, parecem, enfim, interferir em nossa conduta, transformando-se em complicados atalhos entrecruzados por fluidos cuja dosagem, se desequilibrada, pode transformar um bom homem num assassino impiedoso. A propósito, embora possa parecer não haver implicação lógica, conta-se que no Recife um cão meio vagabundo, resultado do cruzamento entre um pitbull e cadela sem raça, arrancou a dentadas o rosto da dona. Procurou-se a razão da antinomia. Descobriu-se que o cérebro do macho pai, reproduzido no filho, não se conformava na caixa craniana, provocando dores fortíssimas no animal, produzindo-se nisso uma espécie de monstro canino. Verdade ou mentira, pode acontecer, sim, na mistura de fatores genéticos, embora a moderna ciência esteja começando a negar a pura e simples transmissão de defeitos genéticos à descendência. Revista brasileira importante, publicada recentemente, traz o caso de gêmeas univitelinas, ambas campeãs de nado sincronizado, existindo nelas diferenças físicas muito relevantes. Deixa de ter relevo, também, a afirmativa de que 97% do genoma não têm qualquer função. Pensa-se agora que há conexão com o ambiente externo, ligando-o ou o desligando de acordo com o hábito e o estilo de vida das pessoas. O ambiente externo, segundo conclusões modernas, atua no código genético. Por fim, o próprio código genético sofreria alterações durante a vida. Exemplos de remédios novos são encontrados numa droga desenvolvida a partir do núcleo – RNAs, injetando-se-a diretamente no olho humano. Inibe-se, com isso, a degeneração encontradiça na terceira idade. Diz-se que a mácula, no caso, regrediu em 20% dos pacientes. Em 60% teria parado de progredir. Se for verdade, aplicar-se-ia, quem sabe, aos olhos de criaturas muito amadas, caminhando estas últimas agora, inexoravelmente, para a perda total da visão.

 A notícia é excelente, se verdadeira. A reportagem citada mostra a fotografia de um casal de velhos com não menos de 80 anos de idade. Aquelas pessoas não desenvolveram nenhuma das doenças encontradiças nos anciãos. Ambas estão sendo usadas como cobaias por geneticista importante.

 Certo ou errado, o ser humano está vivendo mais. Ultrapassa, em média, os setenta. Pode ser que a senectude coloque a criatura em situação física catastrófica, urgindo o descanso final. Sim, pois a dor, ocasionalmente, é insuportável.

XXII

Fui à missa de 7º dia de Waldir Troncoso Peres. Quem sabe sabe, mas, para quem não sabe, foi dos maiores criminalistas brasileiros do século que passou. Viveu 82 anos, disse-o capítulo atrás. Veio para São Paulo aos dezessete, para estudar Direito. Aqui viveu quase setenta, desenvolvendo no júri, enquanto Procurador do Estado, e fora disso, defesas milagrosas. Os leigos dificilmente vão ao Tribunal do Júri de São Paulo. É lindo, todo em madeira de lei. Passaram por ali grandes criminalistas. Eu só fiz uma defesa naquele local, pouco antes de o transformarem em espécie de sacrário. Existem nas laterais uns bustos de bronze correspondentes a magistrados, promotores públicos e defensores que honraram aquele plenário. Creio que a autora do modelo de Delmanto foi a mulher do escultor, gravadora exímia, também infelicitada parcialmente por moléstia insidiosa. O bronze usado foi preenchido segundo método antigo e hoje esquecido, consistente na abertura de uma cova no chão de terra, queimando-se lenha ou carvão por baixo do molde de gesso. O metal liquefeito é introduzido por meio de orifícios estrategicamente abertos na peça. Depois, conformado o busto em estado bruto, há o trabalho delicado de lapidação e polimento. O processo exige técnica apurada. É raríssima, na modernidade, autêntica fundição do bronze à maneira daquela usada nos velhos canhões vistos nas caravelas. É lembrar um pouco de Veneza. Deveria ter, na Praça São Marcos, uma estátua de Lorenzo, "O Magnífico", montado em enorme corcel. O material reservado àquilo foi desviado para a construção de peças de artilharia destinadas a guerras que, ao tempo, eram repetitivas.

Leonardo da Vinci, o escultor contratado, deve ter ficado furioso com o desvio, mas a história relata, com ou sem maior dose de exatidão, que o genial artista não era cumpridor de prazos na execução das obras avençadas, insistindo, entretanto, no pagamento dos proventos. Dentro do contexto, o desvio do bronze coletado serviria eficazmente para a tranquilidade de Leonardo...

Waldir morreu na madrugada, em 13 de abril de 2009. Escrevi seu necrológio, não só o dele, mas de muitos. Sou uma espécie de "carpideira" quase oficial. Troncoso Peres se encontra entre os maiores criminalistas do país, não o melhor, pois sempre há alguém a superar o outro, na antiguidade, no areópago, deve ter havido um Demóstenes a ombrear-se com ele. A morte sempre, ou quase sempre, chega na manhãzinha. Assim foi para Garcia Lorca, não? "Atiraram-lhe na cara, os vendilhões de sua pátria" (Vinicius de Moraes). Escreve o poeta que aconteceu às 17 horas, mas o fabulador prefere o horário em que o sol ameaça aparecer. É mais violento. Apesar disso, a nostalgia se afasta um pouco.

É difícil a bruxa chegar durante o dia alto, até nas execuções oficiais. Dizem que Lorca morreu por engano, ou por não terem chegado com eficácia de lhe evitarem a execução. Não sei se gosto dos versos postos em "Às Cinco Horas da Tarde". Em "Alameda dos Anos Dourados", dita por Gustavo Bayer, há uma estrofe referindo-o e a Fernando Pessoa. Descobri que a poesia não me cativa o bastante, cuidando-se, é óbvio, daquela melosa falando do amor, com meiguice e pudor. Por outro lado, a literatura despudorada é chocante e insulta a burguesia, constrangendo as donas de casa mas lhes infernando as noites maldormidas ao lado de maridos barrigudos e roncadores. Isso não devia ser proibido a uma discussão aberta, pois já ouvi o contrário, ou seja, o relato de mulheres apaixonadas por parceiros postos nas mesmas condições dos criticados, homens embebedados por vinho tomado durante lauto almoço feito de lulas, polvos e camarões. Conversei com damas embevecidas aplaudindo amantes e falando da gostosura de se deitarem sobre o ventre roliço de machos velhos e enrugados. Dialoguei com senhoras frígidas entusiasmadas repentinamente com o odor das axilas mal lavadas de um mecânico de automóveis. Vi senhoras perfumadas desdenhando homens limpos recendendo a água de lavanda. É tudo um mistério impenetrável, embora cientificamente explicável pelos feromônios, enquanto eu, analista, fico imerso nas contradições da repulsa/atração. Conheci moça linda, daquelas que vestem camisolas de seda importada e calcinhas rendadas, imperiosas enquanto exigiam o amor dentro do quarto escuro de pensão esfumaçada, escada rangendo, pequenas camas recobertas por lençóis esgarçados. Aquilo sempre me lembrava "Belle de Jour", dama de sociedade com propensão assemelhada, transtorno, certamente, do instinto sexual. Flamínio Fávero, em seu tratado de medicina legal, coloca tais tendências, mais a masturbação, além de outras extravagâncias, no capítulo de aberrações. Recorde-se Freud: biografado por Ernst James, censurava o onanismo, sendo, no entanto, um dos maiores conhecedores, à época, do comportamento humano. Reflexões nebulosas entrelaçadas sempre na observação.

Penso nessas particularidades nas ocasiões mais extravagantes, às vezes, inclusive, durante sustentações orais. Dir-se-á ser impossível tal divisão. Não é não. Passam-me pela cabeça pensamentos assim, numa ambivalência terrível. Minha personalidade se divide em duas, uma produz a fala, outra vigia e censura, muda mas atenta, pondo-se normalmente à direita do orador.

Não sei o motivo de enveredar por um caminho aparentemente isolado do início do capítulo. Talvez diga com as denominadas associações livres, propósito, aliás, motivador de toda a dissertação. Uma ideia traz as demais e assim por diante. O grande poeta espanhol referido era homossexual. Dava-se bem com os surrealistas. Não duvido, mas isso não é relevante, ou seja, buscar saber como viviam e se comportavam, entre si, Dalí, André Breton, Pául Eluard e afins. Hemingway, já citado, teria estado esporadicamente nas proximidades, sem exceção de Dominguin e Ingrid Bergman, que contracenou com Humprey Bogart em "Casablanca". Dizem que Clark Gable e ela viveram amor tórrido durante as filmagens de Mogambo, mas não se casaram, pois a dentadura do ator se deslocou numa das cenas, pondo tudo a perder. Si non è vero, è bene trovato...

Aquelas criaturas mencionadas, desfrutando análogo processo cultural, viram uma Viena predominante, mas não deixaram de pontificar em Veneza, Firenze, Verona e centros onde a arte florescia vigorosamente, não se devendo alijar do todo a Barcelona de Gaudí, a Madrid de Pablo e de tantos artistas diferenciados. Não é tão antigo assim aquele bailado maravilhoso. Cruzamos nas ruas, todos os dias, com veículos batizados com o nome de um deles, ao mesmo tempo em que sentimos nas narinas, em finos ambientes, perfumes lançados por Paloma, aproveitando-se a moça do talento onipresente do pai. Que época deliciosamente maluca, Modigliani agonizando ao lado da estátua de Balzac, insciente de ter ganho, ali perto, um prêmio que lhe traria a possibilidade de saldar algumas dívidas e beber um pouco mais.

Conjunto de vivências deliciosamente trágicas, o fenômeno se tornava dramaticamente real e concomitantemente uma ficção polimorfa. De concreto, sobraram as obras adoradas no mundo inteiro e colecionadas vaidosamente por multimilionários excêntricos, muitos episódios parcialmente verificáveis e nunca plenamente reconhecidos como verdadeiros.

XXIII

Ouvi no Iphone (expressão bem identificada pelos jovens) música cantada por Bebel Gilberto, filha de João. Identifiquei-a quando menininha num DVD produzido por Chico Buarque, ela e procissão de filhas e sobrinhas de artistas famosos. A jovem de hoje se desempenhava bem no passado. Bebel, na música que ouvi, integrante, quem sabe, do grupo das mais vendidas, entoa algo assim: "Não tenho medo da morte...". Mentira do autor, todos têm receio de morrer, doentes ou não. Cuidam-se, vão ao médico, tomam remédios, previnem-se, enfim. Uns poucos são ambivalentes. Não querem esfumaçar-se mas se destroem devagar.

Já se viu que o tema, em mim, é rebarbativo. Haveria um fenômeno psiquiátrico, não sei bem, na teimosia, ligado à infância. Um filme que vi por aí descreve um personagem, chefe mafioso, desesperado com o assassinato do irmão. Antigamente os defuntos eram velados em casa, na sala de visitas certamente, enquanto no compartimento ao lado as matriarcas serviam sopa e vinho aos parentes e amigos, pois ninguém é de ferro, é preciso comer. O "Capo", chorando copiosamente, pega o filho pequeno no colo e o leva a beijar o rosto marmóreo do morto. Qual a idade do menino? Sete ou oito, quem sabe... nem mesmo o garoto contratado para representar a cena há de esquecer a tomada durante o resto da vida, os petizes, conforme asseverei, são mitômanos, aquilo se fixa indelevelmente na memória ou parece apagar-se, reaparecendo muito depois, sem ligação aparente, enquanto gera procedimento inusitado no então amadurecido cidadão.

Não se pode levar um ator mirim a entender a crueldade daquele momento, comportando-se de acordo. Se e quando assim for feito, em algumas oportunidades, será razão bastante para intervenção do Juízo Tutelar e do Ministério Público, livrando a criança de tal irracionalidade. Creio que a cena, naquela representação, se fez em etapas, dando-se vários cortes, primeiro o menino no colo, depois o morto no caixão, sabe-se lá, interferindo o poder de sugestionar o espectador para que o imaginário suprisse as intercorrências faltantes. Se e quando não for assim, o protagonista, mesmo poupado nos instantes piores, pode traumatizar-se para o resto da vida. Quanto a mim, detesto defuntos. Não vi meus pais mortos. Dias atrás precisei participar do enterro de ex-assistente. Faleceu antes da hora, bebeu demais, aqueles incidentes de percurso por todos conhecidos. Teve três ou quatro mulheres daquelas manteúdas. As famílias brigavam por algumas bugigangas e um carro velho. Vi que ninguém se dispunha a cobrir o custo da inumação. Deixei um cheque com alguém, mas fiquei com imensa vontade de reunir aquele trio e censurá-lo. O rapaz havia sido barbeado em metade, cansando-se de prosseguir o barbeiro improvisado. Decididamente, não valeu o verso providencial do velho e decantado Vinicius de Moraes: "Quem pagará o enterro e as flores se eu me morrer de amores?" Paguei-os eu, que não tinha nada a ver com aquilo, contrassenso sem-par, diga-se de passagem, pois as três, com certeza, independentemente dos pedaços ruins, haviam degustado o garotão na cama, três harpias, é claro. Um barbear bem-feito custa pouco e sempre há, nas cercanias, quem esteja disposto à tarefa.

XXIV

Chega de masoquismo. Lá atrás havia, segundo a memória me adverte, uma primeira mulher, massagista ou filha do próprio, autora das primeira carícias trocadas com o mocinho desajeitado. Seguiram-se algumas, sem grande importância e compromisso, porque o jovem nunca teve no sexo preferências permanentes, cuidava-se pura e simplesmente de expressão de energia animal. Realce-se que desde aquela época tenho a estranha sensação de estar a procurar a mulher-gigante, de Giacomo Girolamo Casanova. O personagem já havia copulado com todos os tipos de parceiras, restando insatisfeito. Certo dia um circo chegou à cidade. Havia entre os artistas uma enorme e peluda mulher, medindo dois metros e meio de altura, musculosa sim e parecendo imune a tentações eróticas. O sedutor, estimulado pelo desafio, acampou à porta da tenda da monstruosa pessoa, aguardando durante muitas madrugadas um sinal qualquer de assentimento. Mostrava-se desistente, quando a insensível figura apareceu à porta da barraca e o pôs para dentro, quase a carregá-lo entre os braços amorosos. Aquele personagem mitológico apareceu de novo dias adiante. Os demais atores, ansiosos, esperavam que a mulher-gigante voltasse a atuar. Retornou, sim, mas transformada psicologicamente em pessoa cordata, afável e carinhosa, pretendendo depilar-se, tarefa impossível, quer pela extensão das pilosidades, quer pelas consequências. Perderia as características que atraíam boa parte do público pagante. Tocante ao sexomaníaco, diz a lenda que nunca mais procurou acasalamento. Aposentou-se e morreu em paz. Verdade ou mentira? Li Casanova, não me lembro se houve descrição exatamente assim e não vou conferir. Ficam os créditos dedicados à minha capacidade de fabulação.

Muitíssimos romancistas descrevem experiências sexuais com maior ou menor dose de criatividade. Fernando Sabino escreveu seu melhor livro, "O Encontro Marcado", no começo da carreira. Não falou muito em sexo. A certa altura, um de seus personagens diz ao interlocutor: – "Não analisa não!". Tratava-se de episódio em que ambos estavam sobre um parapeito perigoso, brincando com o risco de despenhar. Verdade? Mentira? Não conferi a justeza da rememoração. Qualquer divergência se explica na própria natureza do autor. Decididamente, sou um criminalista imaginativo.

Aprendi a escrever, ou tentei-o, com o próprio Sabino, Stasnislaw Ponte Preta (Sergio Porto), Oto Lara Resende, Rubem Braga e mais uns tantos, a maioria passando tardes – ou parte delas – nos bares de beira de praia em Copacabana. Eu já queria escrever crônicas na adolescência. Levei uma delas ao Secretário de Redação de vetusto jornal. O sujeito – crioulão muito culto, esperto, sabido e maldoso –, leu o escrito, amassou-o, jogou-o certeiramente no cesto de lixo e disse, desinteressado: – "Volte, quando aprender a escrever direito!". E não me encarou mais. Fiquei ali hirsuto, quase assustado. Um deus de chocolate me dispensava sem mais aquela... nunca mais voltei.

Afirmei, lá atrás, ter sido premiado. Era um concurso de uma revista mineira. Guardei o prêmio – um cheque – dentro de uma velha moldura, desalojando retrato meio mofado de uma bisavó. Não durou quarenta e oito horas aquele troféu. Amigos o viram. Tiramo-lo da parede e tomamos porre até hoje não repetido, originalidade fácil de manter, não bebo álcool, até por medo de alcoolismo familiar crônico.

Já li muito, desde a Bíblia até obras de sacanagem. Essa história de discrição sobre cenas sexuais sempre me intriga. Difícil alguém imitar "Sexus", "Plexus" e "Nexus", de Henry Miller. Diga-se, entretanto, que erotismo, na literatura, cinema, televisão ou ainda na vida real, ou é ou não é. Tenho repugnância por enunciados como este: – "Então, vigorosamente, ele introduziu o membro viril entre as pernas de Madalena, abrindo-as com dose vigorosa de violência, desnecessária até, ela parou de resistir imediatamente. Os olhos da moça se fecharam. Seu rosto parecia enunciar as delícias do paraíso" (autor desconhecido). Não é assim. Mais fácil escrever, como os clássicos lusitanos: "Pus-me nela"! É eufemismo também, mas curto e grosso.

 Examinem-se, para melhor exemplificação, os livros de Paulo Coelho, tão conhecidos no mundo inteiro. Foram usados no Afeganistão, segundo consta, pelo exército norte-americano, para pacificar a linha de frente ou contribuir a tanto. Li parte de um ou dois e não gostei. E daí? O autor pouco se importa com minha opinião. Literatura é assim, há para todo gosto ou tendência. Entretanto, os escritos de Coelho devem ter um mistério, ou segredo, a torná-los sedutores, pois foram traduzidos em muitas línguas e teriam levado o moço a ser hospedado, num emirado, em aposentos principescos, a convite de um potentado posto dentro de turbantes coloridos. Faça-se a impossível comparação com Hilda, a Hilst: afirmei em outro capítulo, reprisando o dito, que, embora tivesse ocupado a lista negra, seria considerada um dos maiores romancistas brasileiros do século XX (veja-se que não a pus no sexo feminino. Tinta de caneta ou impressão de computador não tem sexo). A mulher morreu faz pouco, no meio de gemidos e lamentos de seus muitos cães. Fui a uma livraria, há poucos dias, vi as obras completas de Hilda em exposição, muito bem editadas, observo. Não se pretenda escrever-lhe a biografia, é muito cedo para tanto, mas todo escritor dramático que se respeite teve infância difícil, incompatibilizou-se com o pai ou com a mãe, foi infelicitada (se mulher) por um tio, vizinho ou ladrão invasor da casa, sofreu acidente grave ou teve escarlatina, tifo, tuberculose ou moléstia grave afim, perdeu a amada (ou amado) num incêndio, passou, só para encurtar o pensamento, por todos aqueles comezinhos acidentes de percurso que infernam a vida. Nunca soube de letrado ou intelectual, bem ou malposto, transitando feliz pelas esquinas da arte de existir. Nem me refiro a livros de autoajuda, embora Dale Carnegie, hoje reeditado fingindo-se que está vivo (Escreveu "Como Evitar preocupações e começar a viver"), tenha sido responsável pelo reequilíbrio de milhares de leitores, pragmatizando o tradicional "carpe diem" da antiguidade greco-romana (recolha o seu dia, goze o momento), pretensão dificilmente praticável mas constituindo bom conselho. Dale morreu de infarto ou acidente vascular, mas não se lhe há de pretender perenidade, todos morrem, sem exceção...

Não consegui, mesmo com enorme esforço, ler "Ulisses", de James Joyce. Encontrei alguns, em viagens de avião, ostentando o grosso volume sobre a mesinha, fingindo leitura. Juro que tentei umas três vezes, faz parte, aquele escritor, de muita conversa rebuscada em saraus intelectualizados. Não os frequento, mas me recordo, aqui, de Danuza Leão, irmã da Nara, a que se foi cedinho com um tumor absurdo na cabeça, menininha carioca adorada por todos e também por mim, cantando "A Banda" no festival da Record, cabelo muito liso cortado à altura dos ombros. Danuza era cronista social, lançou livro de etiqueta e manteve coluna durante muito tempo em jornal importante, se é que não mantém ainda. Aconselhava, em uma de suas crônicas, que os frequentadores de festas de lançamento, exposições e vernissages em geral mexessem a boca como se estivessem dizendo algo, não sendo importante o que diziam. De resto, ninguém escutava.

Tenho lido biografias de grandes personagens. Não são verdadeiras não. Quanta verdade existe no relato da vida de alguém? Por exemplo, Jung teria sido, realmente, um profissional de duvidoso comportamento ético, seduzindo pacientes sob pretexto científico? Quem sabe o limite entre a crítica bem estruturada e a calúnia? Solução ideal inexiste, é preciso sempre o balanceamento da conduta globalmente considerada para uma conclusão razoável.

Há gente honesta que comete crimes, sabe-se perfeitamente, existem sacerdotes impecáveis mas cheios de pecados, há censores delinquentes e freiras cujas batas brancas escondem, em circunstâncias excepcionais, defeitos mais ou menos sérios. A literatura universal está repleta de ocorrências assemelhadas. Leiam-se, na ficção em português, "O Primo Basílio", "O Crime do Padre Amaro" (Eça de Queiroz) e "Dom Casmurro", de Machado de Assis, relatos suavizados dos desacertos gerados pela paixão. Existem casos verdadeiros levados ao público em função da natural exposição aos órgãos de divulgação. Não é bom recordar que gente culta e importante pode praticar crimes graves, uns provocados por paixão, aqueles por cobiça ou ódio. Qual jurista não ouviu falar do "Crime da Mala" (Maria Fea), hipótese aqui escolhida para não se cometer o erro de apontamento de processos atuais, com autores ainda sobreviventes?

XXV

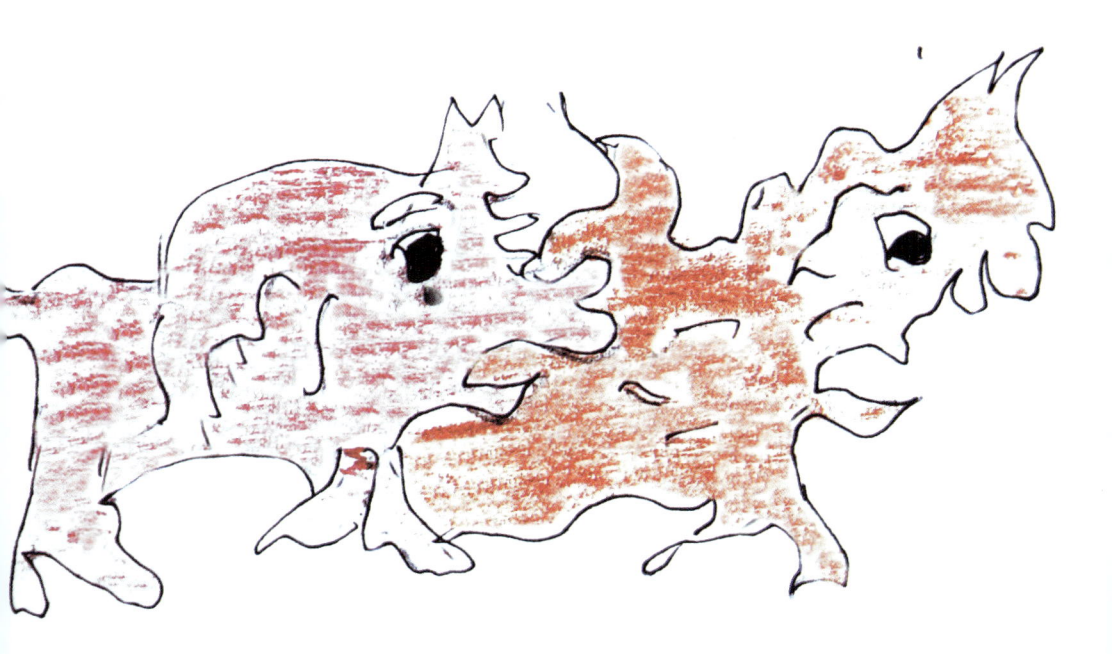

A mentira, mais que a verdade, faz parte da vida do criminalista. Sei muito bem disso, pois identifico as duas, num bailado desencontrado mas paradoxalmente gracioso, como se os contrários se entrelaçassem num quebra-cabeça esquisito. Nas lides criminais, a anormalidade atrai muito, é claro, porque o analista também se desequilibra na pesquisa. Não quer saber se o acusado agiu bem, parte do pressuposto de conduta extravagante. Daí a investigação, o indiciamento, a denúncia, a prisão, a ação penal, o presídio lotado além dos limites etc. O ser humano é, fundamentalmente, mentiroso e mau. A humanidade trabalha em torno da dor e do sofrimento. Verdadeiramente, não se passa um só dia sem que haja na mulher e no homem, fisicamente, um ponto mínimo de sofrimento. Há, dizem, exceções raríssimas por pessoas que perderam, por razões anômalas, a capacidade de sentir dor. Conheci um homem, muito rico por sinal, que não conseguia sorrir. Era absolutamente apático. Até fazia movimento assemelhado ao sorriso ou à risada, mas parava nisso, assumindo expressão grotesca assemelhada àquela retratada no personagem célebre de Victor Hugo ("O Homem que Ri"). Meu exemplo tocava piano com técnica aprimorada. Mecanicamente era quase perfeito. Mas só, não havia sentimento algum nos acordes. Interpretava a pauta musical com absoluta frieza e competência, observando o "allegro" e o "moderato", mas qualquer ouvinte se desesperava ao perceber que aquilo vinha de fora, nunca da alma ou sentimento do pianista. Não se perca, no contexto, o caso célebre do mineiro que teve o crânio trespassado por um vergalhão de ferro introjetado no próprio após uma explosão mal direcionada. Aquele metal prejudicou a parte do cérebro do trabalhador que gerava o medo, a alegria, o prazer e a ira. O homem se tornou muito estranho, passando a cometer infrações diversas até enlouquecer totalmente. Aqui mesmo, no Brasil, houve há pouco tempo um acidente com mergulhador. Seu arpão ricocheteou numa rocha e lhe perfurou o crânio. Milagrosamente, a seta pontiaguda pôde ser retirada sem maiores problemas. Pena que o submarinista, recompondo-se sem perder a fala, a visão e a audição, não mais consegue sentir odores. É o mínimo, diante da gravidade do acidente, mas a incapacidade de captar cheiros pode levar a embaraços ocasionais. Não se discuta, diante disso, e muitas outras interações, a interferência direta de fatores físicos no comportamento do ser humano. Diz a particularidade, evidentemente, com o livre-arbítrio tão decantado no Direito Penal moderno. Não o admito. Arbítrio sim, mas livre não. Preferiria chamá-lo de arbítrio condicionado. Dependemos de circunstâncias extremamente sinuosas na opção por atitude específica entre tantas apresentadas à frente. Positivistas e clássicos disputam a prevalência de suas teses, relembrando Lombroso, Ferri, Garofalo e uns tantos. Já, as feiticeiras eram queimadas, na Idade Média e na Inquisição, por comportamentos ligados, às vezes, ao centeio espigado voejando nos celeiros das fazendolas. Relembrando o conceito de "loucos de todo gênero" referidos no velho Direito Civil, enquanto recebia aulas de medicina legal: a nunca encerrada discussão sobre a capacidade de entender o caráter criminoso do fato e de determinar-se de acordo com tal entendimento sempre me impressionou muito. Afirmo sinceramente que tal qualidade é uma falácia. Somos escravos dos hormônios, do sistema glandular, enfim. Costumo dizer que se as drogas (remédios?) podem mudar nosso comportamento – e mudam –, somos muito pouco para discernir, em situações estressantes, a diferença entre o Bem e o Mal, a necessidade da boa ação e a conduta maldosa. Assim é, com certeza. Isso vale para nós e para os chamados "animais inferiores". Dia desses, "Baltazar Sete Sóis", meu cão, assim chamado em homenagem a Saramago, tentou me morder. Ele tem temperamento ruim, mas nunca chegara a tanto. Não é castrado e vive tentando cobrir a fêmea (Blimunda), de quem extraíram os ovários sem qualquer consulta, maldade inominável, aliás. Ela não deixa, é claro, mas, a cada desistência, brinca com o macho, lambendo-o, como a desculpar-se. Baltazar quis meter os dentes em mim. Veio o veterinário. O cão tinha infecção num dos ouvidos, aquilo devia doer muito. Medicado, voltou ao normal no dia seguinte. Imagine-se depois da castração... lembro-me dos "castrati", meninos vocacionados ao canto lírico, na Idade Média, cujas vozes eram favorecidíssimas em razão de se tornarem eunucos. Consta que um Papa, naquela época, autorizou oficialmente a ablação dos testículos dos rapazinhos integrantes de um coral do Vaticano. Coisa feia, provindo de representante de Deus na terra. Feminilizados sim, os cantores castrados, mas também portadores, a partir da cirurgia, de humor variável e por assim dizer histérico, faziam as delícias dos compositores, maestros e público assistente, mas gerariam em mim, se vivendo naquele século, tristeza ímpar. A dor é, portanto, o primeiro e mais natural fator modificativo da conduta do mundo animal, com predominância dos homens e mulheres, pois é deles que estou a cuidar. Dores são físicas, é curial, mas repercutem na conduta. Livros de psicologia, modernos ou não, dão novas denominações a definições muito antigas. É clássica a estimativa de Mira Y Lopes (conheci-o, no Rio de Janeiro, eu era pequeno, mas o vi uma vez, com uma tia minha importante no ramo: o medo, a ira, o amor, o dever). Sobrenadando a isso, a gratificação e a culpa, o pecado, a penitência. A noção bíblica do pecado original, embora com seus apêndices místicos a exigirem compensação pelo batismo, não me soa absurda. O homem já nasce impregnado de culpa indizível e preso permanentemente ao binômio sim/não. Aliás, tudo funciona, dentro do campo mental, misturado no princípio carência-satisfação, ou gratificação, ou melhor, prazer-sofrimento. Há na psicologia explicação científica a tanto, ligando-se tais comentários ao sistema límbico enquanto se analisa o funcionamento do cérebro e do sistema glandular, ou seja, em grande parte, dos hormônios corporais. Um delicadíssimo entrelaçamento dos antigamente chamados "humores" interfere no comportamento, produzindo interminável fluxo de substâncias cuja influência não foi ainda devidamente localizada. Os tranquilizantes, ou as denominadas drogas do prazer, têm origem nos "insumos" destinados a suprimir ou estimular, conforme a hipótese, as funções hormonais do corpo. Isso, com o correr do tempo, gera dependência física e mental no paciente, exigindo-se dose cada vez maior, pois o sistema endócrino começa a pedir mais e mais, à maneira de motor velho sugando combustível. A comparação é grosseira e até grotesca, mas é assim, perdoada a metáfora. Busque-se, no próprio inventor da psicoterapia, exemplo disso, parece que durante certo tempo ele usou cocaína, produto difundido por amigo seu no tratamento de problemas oculares a título de anestésico. Conheci advogado e médico consumidores de cocaína. Um argumentava rápida e brilhantemente, até passar o efeito do produto; outro trabalhava agressivamente e sem medo algum, numa excitação suspeita, mas obtendo resultados diferenciados, quando não matava a criatura. O advogado se foi depois de busca domiciliar que localizou a substância em sua casa; o cirurgião perdeu a inscrição por arrombar armários do centro cirúrgico ou da farmácia do hospital. Morreu, certamente, fechado em clínica psiquiátrica especializada. Tudo se endereça, entenda-se, à satisfação de carências e busca do prazer. Não vale a pena discorrer sobre o assunto, é tarefa reservada aos conhecedores. Entretanto, qualquer faxineiro de rua sabe das necessidades que o ser humano tem e do que é tentado a fazer para satisfazê-las. É lembrar do filme "Marnie, Confissões de uma Ladra". Tive cliente rica que furtava calcinhas em lojas de "lingerie". O marido, homem bem remunerado, tinha acertos com os gerentes. Mandava pagar as peças depois... a compensação das carências leva, por exemplo, ao jogador compulsivo, ao sexômano, ao próprio "serial killer", isto em hipóteses extremas. Lembro-me, em associação livre de ideias, das minhas aulas de Economia Política, quando estudante. Aprendi que a satisfação de uma necessidade é temporária, pois logo surge outra imprescindibilidade de compensação, e assim por diante, num interminável círculo vicioso.

XXVI

A certa altura, enquanto jovem, resolvi escrever um livro sobre tóxicos. Estava doente e achava que ia morrer. Sarei. Ao levantar-me da cama, havia escrito pequena monografia que não conseguia editar, até que uma empresa desconhecida o fez. Foi mal recebida pela crítica. Havia um penalista no Rio de Janeiro, um tal de Nilo Batista, criticando o livrinho maldosamente. Aquele moço virou alguma coisa importante depois, Secretário do Governo ou missão parecida. Tanto faz.

Joguei fora, mais tarde, os exemplares encontrados em "sebos". Não adiantou muito. Um ex-aluno me trouxe um deles, dizendo que aquela alma penada deveria fazer parte da minha biblioteca. Fez. Folheei o volume. Trazia algumas observações razoáveis sobre as toxicomanias e produtos geradores de dependência, tudo adequado à época em que o escrevera. O livro havia sido autografado no pátio da Faculdade de Direito em que eu lecionava, com direito a vinho branco e o que mais. Deram-me placa de prata análoga àquelas 39 ou 40 que vieram depois, hoje coladas em veludo vermelho pregado na parede de uma sala do escritório.

Livro ruim, aquele. Quando me dei conta, entretanto, havia páginas dele transcritas, sem enunciação da fonte, em obra com título idêntico encomendada por professor que precisava obter créditos adequados à inscrição no Ministério da Educação. Não o identifico, não vale a pena. Já passou. Aconteceu outra extravagância, já então conspícua: eminente jurista paulista, também versando o tema, transcreveu afirmativas minhas em rodapé. Já se vê que bobagens bem-postas podem, de vez em quando, transformar-se em preleção respeitável.

Questões relativas a clonagem são extremamente interessantes. Houve jurista jovem que, precisando obter título de "Mestre" em vetusta universidade de São Paulo, apresentou dissertação rejeitada pela banca examinadora. Segundo justificativa, a tese era fraca. Amedrontada, a moça não compareceu. Havia apenas cinco exemplares do trabalho. Curiosamente, passados decênios, parte daquele estudo foi copiada, sem nominação da fonte, por um professor doutor daquela mesma universidade, em obra posta nas livrarias. Alertado, o editor recolheu toda a edição, fazendo-o com extrema dignidade, pois tradicionalíssimo no ramo jurídico. Sobra, obviamente, o mistério. Como um dos cinco exemplares chegou a conhecimento do predador?

Gênios, na ciência jurídica, aparecem de dois em dois séculos. Têm originalidade, embora não se possa, na ciência do pensamento, trazer inovação qualquer. Todos os deuses e deusas já apareceram. Pode-se apenas mudar-lhes os nomes. Todas as teses jurídicas já vieram, foram-se e voltaram. Todos os céus e reinos das trevas já estão descritos nos alfarrábios antigos ou legados pela tradição. "O Inferno de Dante" foi objeto, inclusive, de primorosas xilogravuras feitas por artista que se tornou célebre. Belzebu não tem quem lhe dê nova aparência; Deus é Deus, sob codinomes diferentes ou equalizados. Nossa Senhora tem centenas de designações enquanto ícone feminino da Igreja Católica, inclusive como a de Goa, negra é claro, no céu não há dessas coisas de preconceito racial, Deus inventou os negros e pronto, almas não têm coloração, a exemplo de rins saudáveis, o branco rico não quer saber donde foi extraído o órgão, de doação legítima ou de descaminho do IML, retirando-se-o de traficante assassinado pela polícia, basta o criou-lo não ter AIDS ou moléstia contagiosa, Nossa Senhora pode ser Iemanjá. Se tiver de fazer milagre, faz com qualquer roupa ou colorido, e daí? Eu mesmo fiz uma peça que nunca foi ao palco, "Judas e Belzebu", tragicomédia, Judas vai para o inferno, que é onde ele deveria estar, mas é tudo ao contrário, ser bom é ser mau, pecados seriam as boas ações praticadas, matar gato faz bem, salvar criaturas em via de afogamento é falta grave, no fim, Judas tenta trair Lúcifer e é condenado no tribunal infernal. Pena máxima: vai pro céu, sob protestos, pois acha aquela apenação extremamente injusta.

No fim das contas, qual a característica principal de uma criatura genial? Quem o é na modernidade? Albert Einstein o era, admita-se, Alexander Fleming, um ou outro físico nuclear cujo nome me escapa, Gaudí (esqueci-me dele lá atrás), Von Braun, sei lá quantos, mas existiram, sim. Os biógrafos do criador da teoria da relatividade o descrevem como um "chato" em casa. Dizem o mesmo de outros cientistas, parece que a simpatia, a beleza, a comunicabilidade até, não se encontram muito expressivas nessas figuras. Conta-se que Sigmund fumava 20 charutos por dia, pode ser que sim, empestava sua sala de consultas, aquela mesmo reproduzida em minúcias na cidade onde clinicou grande parte de sua vida. Oscar Niemeyer, brasileiro criador de Brasília com Lúcio Costa, está vivo ainda, é centenário, projeta suas obras e as passa aos calculistas, se caírem não é problema dele, é de quem calculou mal, já aconteceu até, Niemeyer não tem nada com isso, e tem razão, se puderem fazer, façam-no, se não puderem, digam não. Santos Dumont era genial? Li umas três biografias dele, rico, bem-posto, Paris lhe pertencia e tudo mais, foi mesmo o inventor do avião? Se não foi plenamente, divide as glórias com os irmãos Wright, mas está por lá, com certeza. Afirmou-se que "Santos" era afeminado. Divulgou-se episódio em que teria, montado num dos seus dirigíveis, descido desvestido próximo a um local bastante visitado pela boa sociedade de Paris, ele e mais alguém, justificando o comportamento pela conveniência de reduzir peso. Se fosse bicha, poderia vangloriar-se daquilo, porque há homens que podem qualquer coisa, inclusive ser versados nessa arte esquisita e nauseante, ressalvando-se que antigamente, lá pelos idos do século XIX, era meio complicada tal opção, basta lembrar Baudelaire e Lord Byron, ambos pagaram preço caro por aquilo e por outras tendências, diga-se de passagem.

"Por Quem os Sinos Dobram?" Eles dobram por ti, e por muitos, inclusive por Michel Foucault, dos maiores intelectuais que o mundo conheceu no século passado, homossexual também, destruindo-se devagar na fruição da moléstia maldita, substituta ou companheira de outra muito presente nos "chinas" de Hong Kong, eles que, sem saberem exatamente a razão, usavam "camisinhas" feitas de entranhas de suínos...

Dobram os carrilhões, veja-se bem, por todos os gênios ou párias que se vão, seja por moléstia da moda, seja por causas naturais; explodem os sinos pela humanidade toda, surpresa e desesperada em não saber, sequer, descortinar o mistério da própria existência. Dobram os sinos, é claro, em cada igrejinha de Guernica, no meio das explosões dos obuses atirados por aviões nazistas, badalam à entrada dos fornos crematórios que transformaram filas e filas de criaturas nuas em um formigueiro desgraçado correndo mansamente para as chamas dos fornos ou sufocação dos gases fedorentos. Os badalos não se esquecem de machucar ouvidos, estrepitosamente, à contagem dos cadáveres deixados pelos israelitas escabujantes, em vingança contra quem lhes surja pelo caminho, no extermínio dos palestinos pretendentes a um punhado da terra conseguida a peso do ouro colhido nas algibeiras dos pais e mães de Rebeca e Rachel. Dobram por milhões de crianças desnutridas nas guerras sem-fim assolando esta pequena bola que rola pelo universo, bilhões de seres atrelados ao solo pela força da gravidade, luta incessante entre o peso dos corpos e a vontade de voar, um já o conseguiu individualmente, metido num par de asas justapostas, outros o tentaram séculos passados, fincando os crânios em despenhadeiros gulosos... doida humanidade esta, em que um cientista inocula parte de uma pústula no próprio filho de colo, experimentando a vacina salvadora de milhares de criaturas apavoradas. Tresloucados viventes que se põem, como o casal "Curie", a mexer venenos fedorentos em caldeirões fumacentos, buscando obter a radiação e morrendo à frente, um mais cedo, a mulher depois, consumidos pelo câncer maldito a se lhes entranhar nas intimidades. Eis aí, cá estamos, sinos bimbalhando aqui e acolá, sempre e sempre, lamentando a morte e certificando o próprio fato da existência, sonido universal pretendendo acordar um Deus maldosamente brincalhão, maldade sem sentido e sem compensação nas orações com que se pretende aplacar seu sadismo desarrazoado.

XXVII

Há por aí os denominados museus dos inventores, destinados à conservação de centenas de criações malucas, umas utilizáveis, outras não. Eu, de meu lado, pretendia inventar dois artefatos, o primeiro um par de tênis infláveis, mantidos muito achatados enquanto inativos, mas tornando à forma tradicional quando cheios de ar. Uma válvula lateral, mais um pequeno tambor de oxigênio, do tamanho de um enchedor de isqueiro a gás, serviriam a formatá-lo antes do uso. Não sei se alguém já pretendeu algo parecido, mas persigo a ideia obstinadamente. Outra invenção é um microfone para gaita de boca. Todos os gaitistas têm dificuldade em usar o microfone. Costumam segurá-lo na mão em concha, atrás do instrumento. A dificuldade no uso do microfone de contato é que as gaitas de boca costumam ter uma chave lateral, um botão, servindo a modificar a entrada de ar nas bocas, pequenos quadrados por onde o músico sopra ou aspira. Cada vez que o polegar – ou entremeio dos dedos – pressiona a chave para obter um sustenido, ou bemol, a gaita faz "tac tac", nas entranhas, amplificados, é evidente, no conjunto musical ou na gravação. Minha invenção deixa as extremidades do instrumento livres, não perguntem como ou por que, é segredo. Devem ter pensado nisso, o ser humano não inventa coisa alguma, apenas põe no mundo algo que outro já fabulou. Quanto ao sapato esportivo inflável, tem utilidade óbvia. Executivos de grandes empresas ou os chamados "nerds" sempre viajam com raquetes na bagagem especialmente feita para o esporte, mas têm muita dificuldade de introduzir os calçados dentro dela. São grandes e ocupam muito espaço. Os infláveis, enquanto vazios, se acomodam em qualquer cantinho das bolsas ou maletas. O problema, hoje, é a proibição a que se viaje com qualquer substância propensa a explosão. Para suprir o impedimento há uma espécie de seringa plástica funcionando a manivela, a exemplo de bombas manuais de encher pneus. Fácil...

XXVIII

Criminalistas não escrevem sobre tênis ou microfones especiais para gaita. Dissertam a respeito de crimes, de como evitá-los, da punição reservada a cada tipo penal e de como recuperar os delinquentes. Em termos adjacentes, cuidam de particularidades muito vulgares, exceção feita àquelas histórias sádicas misturadas em cenas de violência sexual, com desventramento das vítimas e diversos atos cruéis. Já estudei e li muito sobre isso na minha advocacia criminal exclusiva. Em síntese, meio século lidando com a delinquência. Enjoei um pouco daquilo e da atividade destinada a explicar aos jurados as teorias correspondentes à conduta infracional. Aborreço-me, hoje, enquanto escuto professores deitando falação sobre o Direito Penal e o Direito Processual Penal. Não acredito mais naquelas premissas. Sei, analogamente, que o mal precisa existir, contracenando com o lado bom, tudo em binômio inerente à contradição. O animal humano, já o disse, se comporta dentro da contrariedade. Deus e o demônio coabitam numa dança frenética e alternante, o primeiro conduzindo o segundo no salão de baile e a seguir pendendo para a passividade. Aliás, os penalistas costumam ser fantasiosos, discorrem sobre a ciência como se estivessem efetivamente aplicando suas normas. No entretempo, enorme contingente de presos sofre as agruras de presídios infectos, crendo-se que os administradores dão aos reclusos a oportunidade de cometerem graves infrações ali dentro mesmo da cadeia.

A advocacia criminal tem um quê de romântico, vendo-se, na figura dos defensores, heroicos profissionais lutando contra fortíssimos perseguidores. É assim e não é assim. Aquilo funciona num cruel regime de múltiplas interferências, sabendo-se que a Justiça nem sempre está presente, servindo ocasionalmente, ela própria, à prática de crimes diversos.

A Justiça Penal tem ademanes curiosos. O sistema brasileiro se inspira nos lusitanos, fomos colonizados pelos próprios. Nossas vestes talares (becas e togas) vêm de lá. Os advogados as usam sem grande preocupação quanto ao estilo ou fidelidade ao modelo preconizado. Somos agora, no Brasil, quase setecentos mil, espalhados pelo país. O número aumentou desmesuradamente a poder da corrupção deixada venenosamente a correr no Ministério da Educação. Uma teia complicada provocou, na Câmara de Ensino Superior, uma postura inflacionária que não pode mais ser desprezada, pois produziu todos os danos possíveis e imaginários. Não houve quem se dispusesse a constatar eficazmente a podridão. A primeira nódoa aconteceu no passado, com uma criatura chamada Jarbas Passarinho, assum ainda voejando por aí enquanto resiste, à maneira da "Borboleta de Huxley" em "Admirável Mundo Novo". O bicho perdia asas, pernas, cores, antenas enfim, mas sempre estava a tremer dentro da campânula, demonstrando uma quase perpetuidade.

Não se sabe em quais condições, futuramente, a advocacia há de sobreviver. Criaremos talvez, no próximo trintênio, uma hierarquia extravagante entre os profissionais do Direito, reservando-se a uns poucos, mais bem dotados, a possibilidade de exercer a atividade nos tribunais superiores, exigindo-se dos pretendentes aperfeiçoamento consistente em graus de mestre e doutor. Já começa a acontecer, mas ainda no meio da corruptela, pois as universidades instituíram o mestrado "lato sensu", forma sutil de burla contra a mocidade, ela própria desnutrida do saber indispensável à sobrevivência. Culpados disso somos todos nós, perdidos em interesses pessoais ou negligência, voltados uns poucos ao ganho desmesurado e egoístico advindo de Faculdades nascidas na lata de lixo da cultura nacional. Não há tempo nem especificidade para a difusão de estatísticas, basta dizer que tais escolas foram criadas insidiosamente, nascendo da noite para o dia como carrapatos chupando a vitalidade dos jovens brasileiros, sabendo-se que não há, entre os milhares, muitos preparados para o ultrapassamento dos exames de estado, ditos erradamente exames da Ordem. Censuro tal veneno há muito, sem resultado qualquer. Sou professor devidamente registrado no Ministério da Educação, com número publicado no Diário Oficial da União. Não sei o que vale aquilo hoje, mas aconteceu quando ainda era importante tal inscrição. Lembro-me, a respeito, de Pitigrilli, com "O Experimento de Pott". Certo médico ilustre, cansando-se da medicina, mudou-se para um país primitivo e lá começou a praticar o curandeirismo. Logo adquiriu fama e distinção, a ponto de ser invejado pelos demais facultativos. Processado, não teve alternativa: foi ao baú, deste retirando seus pergaminhos e diplomas, que eram muitos, livrando-se então da condenação. Acontece comigo a mesma coisa. Em princípio sou um rábula mas, se houver desafio, obrigar-me-ei a retirar da gaveta uns papéis já amarelados demonstrando qualificações profissionais das quais nunca tive necessidade de me valer. Certificados, comendas e berloques dão, entretanto, a medida formal da sapiência, não significando, creia-se, melhor dimensionamento da alma. Esquisito, falar de alma, ou do espírito. De certa forma, tenho aprendido boa dose de previsão com os bichos. Há animais a nos darem lições de vida. Tenho horror da expressão "lição de vida". De uns tempos a esta data, quando termino de falar em público, brindam-me com essa expressão: – "Deu-nos uma lição de vida!". Creio que justifico minhas afirmações metaforicamente, enquanto ilustro raciocínios ou argumentos com insetos, vermes, micróbios, cachorros, raposas, lobos, macacos e infindável série de seres inferiores. Criaturas se enraivecem quando são chamadas de cachorros, envaidecem-se ao apodo de raposas. Achei isso outro dia, num programa destinado a ensinar sobrevivência na selva, há bichinhos – a maioria – que podem ser comidos, contendo proteínas adequadas à alimentação de emergência. No fim, precisamos, na flora intestinal, dos lactobacilos vivos, trocamos energias, comemos, deglutimos e introduzimos seres no corpo, expulsando-os depois sob outras condições. Aspiramos oxigênio, expelimos gás carbônico, fermentamos sempre o binômio morte/vida. A sobrevivência destes é a destruição daqueles. Afirma-se que formigas são cegas – seriam? –, mas organizadíssimas, todos sabem, remédios se transformam em poções mortais, estas últimas viram substâncias salvadoras se ministradas na medida certa, oscilando o conjunto no binômio dos contrários. Soube de família em que ninguém dormia. Eram predestinados geneticamente à vigília. Morriam cedo, todos, pois precisamos sonhar. Se assim for, eu mereceria dormir mais, estaria dentro do contexto fatal? A noite é má conselheira, poucos se matam em manhãs ensolaradas ou ao meio-dia. Suicidas perambulam no escuro, as energias parecem ir-se nas sombras envolvendo os pecados e depressões. Deve ser mentira. Se verídico fosse, haveria grande número de autocídios entre os que trabalham à noite. Túneis em construção, aquelas fuinhas que labutam no "metrô", sem dia e sem noite, uma luminosidade artificial permanente, sabem que há o pedaço do sono e o da vigília. Não se matam, e não estou errado, em proporção maior. Tocante ao metrô, aquilo é muito imprevisível. Surgem no escavamento daquela comprida tumba pedaços do passado paulista, tigelas, garfos, facas enferrujadas, moedas e ossos de defuntos, algum crime, quiçá, cometido em segredo e disfarçado em covas metidas no meio do mato, cogite-se, um fêmur, uma fita de tafetá esgarçado, um anel de noivado, pontas de setas, tenho em algum lugar fotografias de escavações feitas sob a Faculdade de Direito do Largo São Francisco, em São Paulo, colada no prédio do mosteiro franciscano. Houve problema grande à época, os frades, na velha São Paulo, costumavam enterrar seus mortos sob a construção. No fim, a intromissão deve ter sido ajeitada, o ossário pode ter mudado de lugar e a linha sinuosa passa por lá diariamente carregando milhões de passageiros barulhentos perturbando o descanso de padres santificados. Não se surpreendam os sensíveis com a rudeza da exposição. Ossários são transladados desde as pirâmides egípcias, existindo depósitos de esqueletos em Berna, Dachau e demais campos de concentração. O Papa foi aos campos de extermínio. Viu o museu construído num desses horríveis centros de tortura. Jornais noticiaram, mostrando fotografias, mensagem deixada numa garrafa enterrada, como se fosse o testamento de náufragos colhidos por tempestade. Dentro do invólucro de vidro havia apenas o nome dos escritores escrito a lápis num pedaço de papel-saco. Constatou-se, em 2009, que duas ou três daquelas crianças estão vivas. Reconheceram-se na letra e nos nomes apostos ali com desespero. A garrafa segue ao relicário israelita. Milagrosamente, aquele vidro não continha coca-cola na origem. Se produzido pela marca universal, diriam tratar-se de genial propaganda, a exemplo de indivíduo que despertara de coma profundo muito mais tarde, pedindo imediatamente que lhe dessem uma coca, estava com sede. No fim, mortos e vivos se viciaram naquela popularíssima bebida. Os pósteros, com certeza, se a humanidade sobreviver à bomba, o que é muito discutível, hão de encontrar recipientes iguais (nunca as latinhas, que serão destruídas), submetendo o conteúdo a testes e o servindo, depois, como se faria ao encontro de vinho naturalmente gelado nas grutas de Tibério. Premonição maluca, sim, mas possível também.

XXIX

As fabulações de um velho criminalista deveriam estar profundamente misturadas no Direito. Mas não estão. Encontram minha memória no retrato de muitas pessoas com as quais convivi – algumas ainda resistindo valentemente, como eu, ao chamamento do além. Há os bons e os ruins. No primeiro grupo devo colocar Arthur Nardy de Moraes Goyano, que me apadrinhou na Faculdade, primeiro como assistente, depois como titular na Cadeira de Processo Penal. Lecionei a matéria durante duas décadas. Renunciei à cátedra para vingar injustiça cometida contra um aluno. Talvez a causa tenha sido outra, estava cansado de ensinar. Dizem-me os alunos agora, já com cabelos brancos competindo com os meus, que eu era bom professor. Lembram-se dos meus trejeitos ainda conservados e dos cinco maços de cigarro que fumava por dia, oito em média por aula, mas nunca adquiridos, filava-os na primeira fila. Vinham das piores marcas ocasionalmente, mas eram substituídos quando ameaçava os renitentes de reprovação, uma brincadeira, é claro, mas valia a pena acreditar, professor fora da rotina... ensinei-os bem.

Vida boa aquela, não fosse a permanente instabilidade econômica gerada na especialidade. Tentei traduzir aquilo ao escrever "Caranguejo-Rei", mas não o consegui plenamente. "Dolores", outro escrito meu, é analogamente, em parte, retrato da vida real. Conduzi a defesa de ambos os personagens com fervor. O primeiro está vivo por aí, não sei o que faz, mas desfruta liberdade total. Dolores morreu com uma bala na testa quando procurava ultrapassar a fronteira Brasil-Bolívia. Não se soube quem o fez. Seguramente, cuidava-se de profissional usando mira telescópica. Em Caranguejo-Rei a moça bonita é baleada dentro de automóvel assaltado por bandido no meio da noite, o marido sofre lesão grave mas sobrevive. Dois livros, dois pedaços horríveis de pavor, meses e meses debruçado sobre manuscritos transformados, mais adiante, em restolhos encontradiços nos "sebos" da capital. Assim é com as pequenas editoras. Candidatos à celebridade relegados ao ostracismo, mastigando o insucesso até o fim da vida, quantos gênios da literatura deixaram ao léu boas obras transformadas adiante em leitura obrigatória... quem leu os formosos folhetins do norte e nordeste afora os vizinhos dos xilogravuristas ilustradores dos romances de cordel? Quem se lembra do advogado que pôs no mundo livro pequeno, um só, com erros de edição, mas bom o suficiente para várias reedições, nem eu mesmo sei o nome dele, apenas lembro que me pediu a beca, certa vez, para colocá-la numa exposição, ao lado daquelas doadas por José Carlos Dias e Waldir Troncoso Peres? Quem leu "Um Cão na Madrugada", legado de Derosse José de Oliveira, cujos originais, nunca publicados, estariam em poder dos filhos, se estes igualmente não tivessem partido, invejosos do pai? Há quem morra e seja perpetuado em estátuas de bronze numa praça meio abandonada da cidade grande ou do vilarejo. Quando Dante Delmanto desapareceu, eu já o disse, fiz-lhe o busto, obrigando os líderes classistas da época a colocá-lo dentro do Tribunal do Júri de São Paulo. Está lá, pouco parecido com o autêntico, mas a família o quis enquanto moço, nunca o velho que conheci e prefaciei em "Defesas que fiz no Júri". Depois veio o filho Celso Delmanto, cujo nome ornamenta logradouro simpático perto do escritório que mantenho num bairro nobre da capital. Um elegante advogado à moda italiana, o Celso, magro, sofisticado, fino bigode impecavelmente tratado, pasta marrom levada ao lado, parecia conter uma só folha de papel, a maleta donde retirou um maço de dinheiro novinho para me contratar em defesa de cliente importante que ele não podia atender, dinheiro santo que me permitiu pagar dívidas angustiantes deixadas à deriva na mudança emergente de domicílio... Celso que se preocupava, inclusive, em estudar as boas maneiras à mesa, modulando garfos, talheres e cristais depois de lições com gente do ramo. Não sei a que ponto nos gostávamos, viamo-nos pouco, mas devia ser bastante, fui seu confidente enquanto precisou de mim. Não sei, realmente, o que fomos na reciprocidade de tratamento, não tenho costume de convidar gente para sair, almoçar ou jantar, irrito-me com o tilintar de louça e conversas ininteligíveis em torno do meu assento, lembro-me de um dia em que almocei no "Louvre", deixando um talher cair no chão. Senti como se a "Monalisa" estivesse abandonando o enigmático sorriso e dirigisse o olhar ao "maître", exigindo providências contra o profanador. O ser humano é barulhento. Faz ruídos com os braços, pernas, cadeiras, ouve música muito alto, produz rumores indesejáveis enquanto limpa a garganta, grita quando não é preciso mastiga como glutão. Não, o contato social é muito difícil. O próprio ato de comer é fastidioso, mesmo imprescindível. Ingerem-se bocados de comida pela boca, expelindo-se a síntese horas depois, já então transformada naquele resultado conhecido sob a denominação de fezes. Há quem goste, é claro. A coprofagia está, ainda hoje, nos livros de medicina legal, um escritor copiando os companheiros, é claro, havendo pouca novidade. Salvam-se os que se referem aos novos métodos de abortamento, à técnica de identificação da paternidade, aos modelos de inseminação artificial (fecundação *in vitro* etc.). Primam os autores pela exibição de fotografias horrendas, hoje coloridas, antes cinzentas. Coprofagia, ou seu oposto, a coprofobia, são temas obrigatórios da humanidade a cada ciclo consequente à alimentação. No contexto, creio tragicômica a eleição de cozinheiros brasileiros entre os melhores do mundo. Alguém já disse que nós, a exemplo de criaturas mil, somos uns tubos. Ingerimos pela boca e expelimos pela outra extremidade. Vem-me, em certas oportunidades, pensamento insano: a digestão é a maior presença posta a exame de cada qual. Mais importante que o sono, insere-se na solidão do indivíduo. Tenho a respeito reflexões histriônicas. Vejo nos jornais diários, por exemplo, a frequência do aparecimento do presidente dos Estados Unidos da América do Norte, Obama. Este vai ao vaso sanitário diariamente, sentado na latrina (expressão forte mas muito brasileira), enquanto, ensimesmado, deixa o raciocínio predominantemente, voar para o antigo conflito envolvendo Irã e Iraque, ou Israel e Palestina.

Há aspectos multiformes na defecação que surpreendem pelo respeito que se lhe tem. Específico: aceitam-se, nos laboratórios, os tradicionais potinhos contendo fezes para serem examinadas, mas não se admite que o paciente traga de casa porção de esperma para contagem de espermatozoides, mesmo com exibição de registro geral e prova documental outra da originalidade da porção. Isso significa que o examinando pode defecar em casa, mas deve masturbar-se no banheiro dos centros de colheita, o que provoca surtos dramáticos de embaraços, na medida em que não é todo homem que consegue ejacular em circunstâncias anômalas. Quem sabe o impedimento se deva a uma dose qualquer de pudor, existente quanto ao onanismo e ausente na defecação? Colocar-se em dúvida a origem do sêmen, na atualidade, não se justifica, pois o exame da compatibilidade entre o DNA da amostra e o provável doador elimina qualquer dúvida.

Ainda respeitando ao tema, lembro filme personificado por Burt Lancaster, "Il Gattopardo", história de um dos últimos príncipes existentes na Itália antes da unificação. Há um baile num castelo maravilhoso. O príncipe comparece. Sente-se mal e vai ao banheiro. Existe ali um espetáculo que nunca me deixa a memória. Dezenas de penicos coloridos, amarelos e azuis, exibindo flores pintadas na parte externa, estão postos em várias arquibancadas, esperando os usuários. Não há vasos sanitários ou esgotos. Isso acompanhava os costumes da época, não se julgava importante o ato de defecar ou o banho a ser tomado. As residências, então, tinham as latrinas na chamada "casinha", compartimento construído na parte de fora da casa, quase sempre nos fundos.

Chocante o tema, é óbvio, mas precisa ser enfrentado à maneira das piadas de mau gosto, da risada no meio da missa do defunto ou do peido dentro do elevador repleto de gente. Os puristas se chocaram à leitura da trilogia escrita por Henry Miller. Lady Chaterley foi, a seu tempo, escandaloso romance pornográfico. Decameron, Casanova, o Kamasutra, enfim, entraram no index reservado às obras sujas. Aqui, o tema não é pornográfico, cuida apenas de uma das consequências físicas mais habituais entre os cidadãos. Salvador Dalí escreveu livro reservado ao exame das várias espécies do flato intestinal. Cães fazem pum? Macacos, tigres, tartarugas, peixes, interessantíssimos os "puns" dos peixes, aquelas bolhas de ar flutuando nos aquários, seriam isso? Procurando a explicação científica para o peido na "internet", não a achei. Pesquisei mal, provavelmente, pois o "Google" tem tudo, será que a comissão fantasmagórica reguladora do sistema censurou o tópico, embora não se recuse a nada?

No fim, o flato intestinal é o incidente mais continuado da existência. Tem cheiro, sim, sempre desagradável. Já vi na televisão múltipla propaganda de produtos contra a calvície, caspa, pé chato e frieira, só para ficar no fundamental, mas não há divulgação de essências ou perfumes antipeido. Imagine-se que invenção gostosa, um "arpège" protetor dos odores do flato intestinal. "Confie em mim ao entrar no ascensor..." recordo-me disso, agora, porque quando meus filhos eram pequenos e alegre a vida em família, costumávamos, passando as horas enquanto viajávamos, cantar musiquinha que inventei desabridamente:

A vovó faz pum, pum que tchibum
O papai faz pum, pum que tchibum
A Paulinha faz pum, pum que tchibum

E assim por diante. Cada "pum" cantado era adequado ao tamanho ou delicadeza do corpo da vítima. Dávamos muito boas risadas enquanto entoávamos o peido de pessoas magrinhas, um "pum" fininho, geralmente não conseguíamos terminar a estrofe, de tanto rir. Havia outras brincadeira, referindo-se agora ao Papa, fosse ele qual fosse, um deles, não me peçam exatidão, são sempre aqueles velhos com chapéus compridos e anormais postos em missas solenes. A cantoria era mais ou menos assim:

Um dia, o Papa falou
Meus filhos, um dia o homem amou.
Hoje só vejo pobreza, ai meu Deus que
tristeza.

Os homens ouviram o Papa
As freiras ouviram o Papa
Os bichos ouviram o Papa
Paaaaaaaaaapaaaaaa.

A canção encompridava, inventávamos fatos e circunstâncias ao sabor da inspiração do momento. Éramos alegres, nós e os cachorros, havia um cão em casa, creio que fêmea, "Rose Teddy Lee de Monterey", uma cadela histérica, pequenina como só ela podia ser, viveu extravagantemente, o veterinário a autopsiou, "Teda" tinha três rins, vejam só, cuidamos dela muito bem, consultas, remédios e o mais, não a enxerguei esticada na caminha, não vejo mortos, já o expliquei, não olho o defunto, fujo do caixão e do cheiro azedo que os velórios têm, distraio-me nas cerimônias funéreas enquanto examino os visitantes (todos se examinam disfarçadamente), alguns bem vestidos, há em casa as vestimentas apropriadas a tanto, ficam nos armários de fundo grande, cheirando a naftalina. Dá azar lavar os panos. Quem tem caspa precisa cuidar-se, há produtos anticaspa, devem ser usados no banho, antes da visita ao morto, vi isso numa propaganda, não sobre velório, não existe quem tenha coragem a tanto, só um rapaz maluco vendendo pela televisão miniaturas de furgões mortuários, maldita televisão que não consigo assistir, só filmes de mocinho e bandido, sou sempre o bonzinho, não me identifico com a maldade, existe quem pratica coisas ruins, é sempre assim.

Parágrafos compridos vêm de Saramago. Deste só gostei de "Memorial do Convento", afirmei-o lá atrás, dele tenho boa lembrança. Não li inteiros "Ensaio Sobre a Cegueira", "Levantado do Chão" e o resto daquela produção nobilitada (de Nobel). Ele escreve esticado, não respeita pontos, vírgulas e maiúsculas, faz o que quer, é ganhador do maior prêmio literário da humanidade, criado para purgação das culpas do criador da dinamite. José Saramago resistia aos acordos Brasil-Portugal, eu faço o possível para ficar no meio-termo, eu, Cony e companheiros rezingões. No tocante à minha conduta renitente, quem sabe haja enfrentamento à Academia Brasileira de Letras, ela que teve um Machado de

Assis e abriga, agora, um antigo sequaz da ditadura, comparsa de José Sarney, este até escreveu Marimbondos Flamejantes ou título assemelhado, não li e não gostei, não sei quem lhe fazia os discursos, há constantemente um escritor fantasma atrás dos reposteiros dos aposentos do Duque de Buckingham, é assim, Obama tem os seus, não precisa mas os tem, falta vagar para a preparação de seus improvisos.

O povo fala como as palavras vêm ao vento. O errado, lá à frente, se transforma em vocábulo certo. Disso, provavelmente, derivaram regionalismos fixadores dos dialetos. Às vezes converso arrastando o erre e o esse, ao gosto praiano. Pensam que sou carioca. Minto, explico ter nascido num apartamento situado logo na divisa Leblon/Ipanema, perto do Country Club, bairro chamado Jardim de Alá, Rio de Janeiro, uma cidade menos violenta naquela época. Morei perto daquele mar num passado nevoento, aprendendo alguma coisa de futebol de praia, a areia fofa fazendo a tortura dos atletas paulistas acostumados à dureza da areia do lado de cá. Joguei "peladas" em Copacabana. Aquela meninada vive de voleios que não sabemos fazer, mais tarde era um chope gelado decantado por Lúcio Alves, mais um baseado para quem gostava daquilo, não farinha nem crack, só o fininho quase inofensivo, polícia não encharca o coturno ou o tênis na água salgada, aquilo destrói enquanto limpa, dá até cistite nas moças ingênuas que resolvem passar a lua de mel nas proximidades do Cristo Redentor, os bons hotéis do Rio de Janeiro tinham médicos de confiança, viviam atendendo jovens recém-casadas preocupadas com as intimidades irritadas pelo sal e pelos resíduos deixados depois do banho não minucioso.

Cuidando disso, não costumo gostar de poesia. Poetas são chatos. Aborrecem-me as rimas muito metódicas terminando em "ão" ou em "ar", canção rima com então, falar com amar, também com amém e assim por diante. Enterneço-me, no entanto, quando topo um "Paletó de linho branco, que até o mês passado, lá no campo ainda era flor", que coisa linda, é de Fagner talvez, outro dia vi um documentário sobre ele, mora num cafundó qualquer, é antigo mas não tanto quanto Paulo Vanzolini, "Mulher que não ri não precisa ter dente, mulher que vira de lado está convocando a suplente", ou então, "Chegou à meia-noite, saiu de madrugada, sem dizer nada", ou, por fim, de outro menestrel vivo e bastante, "Eu quero lhe contar das marcas que guardei nas lutas contra o rei, nas discussões com Deus, agora que cheguei, eu quero a recompensa, eu quero a prenda imensa dos carinhos teus", puta merda, isso é bom de danar, entra fundo no corpo da gente, faz chorar em madrugada friorenta e dá uma vontade tremenda de deitar a cabeça no colo da mulher amada, não precisa ser bonita não, basta aquela feiticeira que adivinha tudo, a "Blimunda" sim, interpretando as vontades de "Baltazar Sete Sóis", a mesma que joga o búzio, sem o dizer, e adivinha o futuro do infeliz cangaceiro das madrugadas insones. Lá atrás, fizeram a besteira de deixar que eu falasse em nome dos advogados na abertura do ano judiciário. Fechei a oração com a estrofe de Chico Buarque, "Vem, meu menino vadio, vem, sem mentir pra você, vem, mas vem sem fantasia, que da noite pro dia, você não vai crescer". Foi uma só, o Paulo Sérgio é maluco, quem o deixou pôr a beca e fazer o discurso?

Francisco Buarque de Holanda é o único brasileiro de quem tenho inveja, está nas alturas, consegue rimar "evites" com "convites" sem grandes danos, briga com Deus exigindo boa chegança e um regaço confortável, não rima amor com dor nem por favor, o poeta brasileiro não tem muita alternativa, o português é língua contendo muito "ão", ou então o "ar" ou "or", é difícil rimar outras terminações.

Não se critique o menestrel. Este alegra ou entristece a vida, precisa existir, desde um Pablo Neruda a um cantador do nordeste. Respeitando ao primeiro, tenho em algum lugar um DVD mostrando onde, como e quando ele viveu. Casa muito bonita, a dele, mas, na imaginação, não difere muito da caixa d'água onde o menino se escondia. Lindos poemas Pablo Neruda fez, mas tinha uma voz muito ruim, ouço eventualmente uma fita com seus versejamentos.

Carlos Drummond de Andrade tem estátua de bronze sentada num banco em Copacabana. Furtaram-lhe os óculos, mas não há originalidade qualquer no vandalismo, subtraíram um braço da Brigitte Bardot em Búzios, a mesma que fotografei, comigo abraçado nela e a mão direita em um dos seus seios, ao menos assim pude tocá-la, viveu bastante na cidade e depois se mandou com seus gatos, deve estar velha e enrugada, como Greta Garbo, esta desapareceu nas brumas, sumiram do mundo para não serem vistas engelhadas. Para qual finalidade o furto do braço da atriz francesa? Derreteram-no, talvez, mas deveriam fazer o mesmo com ela, pô-la naquele círculo de luz da nave espacial, passagem sem volta para que não a vissem no projeto atual.

XXX

Diga-se que a maioria das lembranças dos criminalistas não mereceria relato. Júris em profusão, vitórias e derrotas seguidas, tempos bons, tempos ruins, vira-se espécie de saltimbanco correndo em ziguezagues, sem muita percepção do que aconteceria, um artista de troupe, ou assemelhado, aqui representando bem, depois mal, mas sempre agradecendo os aplausos recebidos. Penso nisso e me aparece a imagem de "Scaramouche, o Fazedor de Reis", de Rafael Sabatini, levada ao cinema por Stewart Granger, há um duelo entre ele Scaramouche e o Marquês de La Tour D´Azir, a luta de espadas mais longa da cinematografia, dez minutos ou duração aproximada. É a história de um advogado que se põe contra a nobreza às vésperas da revolução francesa. Perseguido, introduz-se numa companhia de saltimbancos que vão de aldeia em aldeia, metidos em seus carroções. Fazem aquelas comédias de pastelão. O verdadeiro nome de Scaramouche é André Luís, filho bastardo do marquês, só que ninguém, salvo a mãe, uma duquesa, sabe disso. No fim do livro, André vence o adversário empoado e vai matá-lo, mas a duquesa grita, aparecendo no meio da plateia (o duelo aconteceu no palco, durante uma apresentação): - "Non, non, c´est ton père, c`est ton père...".

Dramático e magnífico. Scaramouche, enquanto André Luís, fora advogado. Creio, no meu inafastável romantismo, que o parlapatão mascarado representa a imagem de todos os criminalistas do mundo, cada qual com seus defeitos e qualidades, mas todos misteriosos nas atividades paroxísticas em que se intrometem, sempre contra o poder, sempre em defesa do mais fraco e sucumbindo ao lado do cliente quase desamparado. Tenho uma beca que pertenceu a um jurista muito antigo, pai de Ricardo Antunes Andreucci, que faz força para fugir do Direito, mas não consegue. Ricardo me deu a beca e a carabina sem uso antes guardada pelo genitor. Não queria ambas, a primeira o forçava a ficar, a última trazia tentações. Fiquei com a toga, repassei a arma... sou esperto, igualmente. O pano preto, esgarçado agora, ainda é utilizável. Guardo-o como espécie de talismã, peça marcada, puída, mordida no farfalhar constante, mas vestuário repleto de tradições. Uso-o nos julgamentos em que é preciso um bafejo do passado, uma proteção a mais daqueles que se foram. O ser humano gosta de forças ocultas. Assim, desde o babalaô à palavra do missionário, há sempre ajoelhamento e pedido de auxílio. Vejo isso até em jogos de futebol: os jogadores fazem o sinal da cruz, beijam medalhinhas de Nossa Senhora, agradecendo depois do gol, como se os santos e anjos apreciassem o esporte ou torcessem pelo time visitante. Isso vem das eras primitivas. Li um livro de ficção, passado entre povos primevos, em que os selvagens, pintados para a guerra e usando lanças com pontas de sílex, se valiam da feitiçaria pondo as mãos nas partes íntimas. Usar beca do bisavô não faz muita diferença. Funciona melhor que tomar tranquilizante ou partir para o exorcismo.

    Aprecio muito os surrealistas. É característica de quem vive numa espécie de marginalidade emocional, sempre esperando surpresas, nunca operando na exatidão. A advocacia criminal é permanente instabilidade. O que é pode deixar de ser, o que pode ser pode nunca suceder e assim por diante. Por tais características, sempre me liguei ao surrealismo, nunca ao classicismo. É anormal tal postura, pois até eles, na quase totalidade, tiveram formação clássica. Pablo Picasso, antes de entrar na fase que o tornou célebre, pintou magníficos e equilibrados nus, o mesmo fazendo outros destacados adeptos do surrealismo. Aprenderam em pequenos os segredos da mistura de cores, a perspectiva e quejandos. Nunca tive vocação assim. Não fui ensinado a manejar pincéis ou a misturar pigmentos. Tornar-me-ia um pintor medíocre. E não há tempo, no terceiro terço da existência, de fazer mais. A propósito, certa vez visitei uma clínica de tratamento de senhoras idosas. Dia de aula, havia alguma coisa boa, mas a maioria, se jogada fora, não seria recolhida por transeunte algum. É diferente com presos e insanos mentais. Produzem obras diferenciadas, livram-se das peias ou se desesperam. É ver para acreditar.

Quando pintor clássico decide passar ao impressionismo ou cubismo, há de produzir algo aproveitável. Pode não ser excepcional, mas servirá. Antigamente havia os cirurgiões gerais, incursionando em todos os ramos da medicina. Deve sobrar algum. Há advogados que fazem tudo, não se sabendo se o fazem adequadamente, mas fazem. Há dentistas implantando próteses e interferindo em canais apodrecidos, mas a regra, hoje, é a especialização. Antigamente, uma cirurgia de úlcera estomacal abrangia incisão de 18 centímetros. Hoje, há duas ou três pequenas perfurações, e só.

O catalão Dalí era genial. Morreu babando, aqueles tubos característicos enfiados nas narinas, retrato infeliz de uma solidão enorme, enganado, quem sabe, por prepostos e curadores, deixando em Figueras uma boa porção de suas obras. Pensando bem, àquela altura, bastaria que lhe trocassem o babador, a própria nutrição do enfermo se fazia pouca e líquida. Sua deusa inspiradora partira antes, modelo de obras belíssimas que tenho copiadas em livros coloridos. Seu companheiro poeta, de quem Salvador furtou a moça, já estava compondo em outra dimensão. Poemas bonitos, é claro, mas não o suficiente para o manterem longevo. Penso nele eventualmente. Enquanto professor, fui paraninfo em uma única oportunidade. Li estrofe de obra daquele trovador, no discurso tradicional. Começava assim: – "Na armadura dos guerreiros e na coroa dos reis escrevo teu nome…" referia-se à liberdade, não a uma dama eleita pelo coração. Ficou bonito. Saiu no jornal, dia seguinte, que a oração seria digna de um senador. Ofendi-me. Naquela oportunidade, a exemplo de na atualidade, pouquíssimos senadores mereceriam elogios, a partir de um que copiou parte grande da oração de decantado tribuno a antecedê-lo naquela Casa de Leis.

As recordações chegam todas juntas, ligando-se a cada círculo provocado pelo primeiro pensamento. Começam em Gala, passam pelo amante depois abandonado, encostam em Breton, Frederico

Garcia Lorca, Matisse, Modigliani, Cezanne, Gaudí, Miró, Rodin, todos embolados no mesmo quadrante, um em Barcelona, outro em Cadaqués, um terceiro em Madrid, aquele fugido em Paris, mais um clinicando em Viena, todos separados e ao mesmo tempo ligados por cordão subliminar, encontrando-se uma vez aqui, outra lá, grupo deixando fantástico testamento intelectual centrado nas tintas dos pincéis, na versificação da poesia, no divã da psicanálise ou na adoração de uma divindade saltitante, pois a única mulher da comunidade surreal, saída de sanatório de tuberculosos, se tornara realmente uma princesa integrando conciliábulo reservado a homens e versando o denominado surrealismo. Captei mínimos pedaços daquela época maravilhosa, seguindo da Espanha à França, a Portugal também, passando sobre a laje posta no piso de entrada do Convento de Mafra, adoro aquela época, pois favorece a fabulação. Pouco importam, na Corte de França e da Portucália, os piolhos agarrados aos cabelos dos nobres, sabendo-se que o uso das perucas favorecia o trato daqueles insetos sugadores de sangue. Pouco importam os carrapatos derramando-se nos dosséis de seda da câmara real, pouco interessam os espartilhos difíceis de retirar na hora do acasalamento, pouco relevo têm, diga-se de passagem, as ruínas dos Jardins de Adriano, aquilo era deslumbrante, e encantador ainda é para quem, adiante da verdade, trabalha com a lenda, ou, melhor dizendo, com o imaginário. Daquelas bandas eu trouxe pequeno pedaço de mármore caído de uma coluneta resistindo a mais de dois milênios, carregando também, do piso de uma catedral antiquíssima, pequeno pedaço de cerâmica saído exatamente do lugar onde milhões de penitentes se ajoelhavam, no século XV, pedindo perdão a Deus pelos mesmos pecados que cometemos seiscentos anos após. Preciso devolver aquilo, os primitivos já se livravam de amuletos obtidos sem apoderamento legítimo.

Meu interesse por arte é extremamente egoísta. Procuro aprender a olhar, não só isto, mas ver igualmente. Aliás, faço na vida um esforço muito grande para manter a integralidade da ligação entre a visão e a captação meritória do que vejo. Aprendi isso com José Ângelo

Gaiarsa, em "A Engrenagem e a Flor", ensina-se que os olhos devem procurar imagens o mais completas possível do plano examinado, inclusive dos seios que a mulher pudicamente entremostra para que só se possa deles capturar parte, sugerindo o remanescente.

Ver o alheio é atividade realizada por muito poucos. Diz o genial Gaiarsa, enterrado lá ?, que li em 1984 e releio hoje com prazer e maturidade: – "Os homens, aprendemos todos, quase sempre de modo implícito, que não devemos olhar para as pernas nem para as mamas da mulher honesta – e conhecida. Já em relação à outra – a estranha com quem cruzamos na rua – não devemos olhar senão para aí. São dois deveres, duas obrigações igualmente imperativas note-se". Depois: – "Tente alguém olhar com vagar e detidamente para o outro inteiro e verificará como é difícil – principalmente se o outro for uma outra e se ela também estiver olhando... Não menos difícil é deixar-se olhar inteiro pelo outro".

Conheci criatura que conversava fixando o interlocutor exatamente no meio da testa, conduta incômoda para o outro, ressalte-se. Descobriu-se, no entanto, que o personagem era estrábico. Apelidei aqueles olhos de "olhar de avião de caça". Explique-se: os caças têm metralhadoras levemente inclinadas para o centro. Os disparos se cruzam a duzentos metros do ponto de origem, duplicando-se assim o poder de impacto.

Tímidos não costumam enfrentar as pupilas dos demais. Dizem-nos dissimulados, mas não é bem assim, não significa serem menos confiáveis, mas o "avião de caça", mais agressivo, costuma levar alguma vantagem.

Sociabilidade, capacidade de comunicação ou retraimento, tudo tem ligação com atitudes mentais e funcionamento do sistema glandular. Tenho tido preocupação razoável com essa particularidade do corpo humano. Não se fale do cérebro em si, dos neurônios e sinapses servindo a caminhos cuja extensão e profundidade fogem, na plenitude, ao conhecimento dos neurologistas. Sinto que Lombroso, Ferri e Garofalo estão reocupando lugar entre os sábios. Os padrões são diferentes, mas existe verdade nas lições daqueles três. O livre-arbítrio vem sendo objeto de refutação. Retorna a frenologia. Não é mais o conceito do "você é o que parece ser" mas, sim, você parece ser aquilo que é, ou, quem tem cara de mau a tem porque o portador não tem bons propósitos. Isso é verdadeiro e não é, veja-se em Victor Hugo "O Homem que Ri", criatura que exibia o rosto deformado a ponto de parecer permanentemente risonho, sorriso ou esgar, mas dando a impressão, sempre, de uma risada sarcasticamente posta na face. O riso, aliás, para Huxley, é a corruptela da ameaça dos homens pré-históricos. Aqueles primitivos, dotados de caninos aparentes, rosnavam exibindo-os. O riso é sinal de alegria, mas muito mais. Escrevi certa vez: "O riso, no sábio, é culpa escondida, por isso o sábio não ri". Uma bobagem, é claro, Einstein, com toda a sapiência, fazia cara de palhaço e punha a língua de fora... dizem que tocava violino passavelmente. O Papa sorri, mas nunca vi uma imagem de Jesus Cristo esticando os lábios. Da Vinci não o pintou esboçando sorriso na "Última Ceia". Michelangelo não esculpiu estátuas sorridentes. A Monalisa é diferente. Vi-a no Louvre, embora blindadamente exposta, creio ser uma cópia, o original deve estar no subterrâneo do museu, guardado a muitas chaves. Monalisa tem um sorriso esquisito, enigmático, quase gozador, mauzinho até, parecendo saber que milhões de criaturas tentariam analisá-la. Algum intérprete assentou, a respeito, que aquele rosto pertence a um jovem. A sugestão é insidiosa, é óbvio, parece estar sugerindo que o genial artista era homossexual, e daí? A realidade da opção sexual daquele expoente das artes se perde nos séculos. E, mesmo pendendo para o feminismo, Leonardo seria um dos maiores pintores e escultores da humanidade.

Examinando-se o riso em si, pode ser carinhoso, angustiado, sardônico, maldoso, pode ter dezenas de significados. Lembre-se o "Boca de Ouro", de Nelson Rodrigues. O personagem só aparece no início, é percebido da inteireza de seu horror quando morre na sarjeta, a punhaladas, a dentadura roubada, não merecendo mais que duas linhas de semanário.

"Boca de Ouro" ria, com certeza, exibindo os dentes iridescentes, como habitantes da velha Minas Gerais, que mandavam incrustar estrelas douradas nos dentes da frente, apostando-os na jogatina de beira de estrada e, não raro, perdendo-os numa cartada desesperada. Isto não é fábula, é verdade estrita transmitida pelos contadores de histórias da região.

A fabulação é criativa na medida da capacidade do criador. "Robur, o Conquistador", inventado por Julio Verne, que li na época adequada, não chega perto da nave espacial Columbia, lançada para conserto do telescópio Hubble. E não se aproxima, igualmente, da estação estelar que abriga há muito tempo quatro astronautas.

Pensa-se na atualidade no transporte de viajantes por sistema já visto em filmes: a criatura se põe dentro de uma auréola de luz e é transportada a milhares de quilômetros. Se factível não é no século XXI, há de ser possível no futuro. O homem costuma concretizar o que imaginou.

XXXI

O século XX foi o da bomba. Eu não chegara à adolescência quando aquilo aconteceu, Hiroshima e Nagasaki destruídas por aquele minotauro radiante a dilacerar carnes e envenenar aos poucos os sobreviventes. Um dos aviões trazia o nome da mãe do comandante: Enola Gay. Aquela aeronave se encontra exposta, sardonicamente, ela que se encarregou, dirigida por mãos inconsequentes, de demonstrar que a guerra precisava terminar. Vem à memória a predição de Danton na revolução francesa: corto algumas cabeças para poupar centenas... o século XXI há de ser conhecido como a idade das comunicações, ou da eletrônica, se preferirem, ou da conquista do espaço sideral. Melhor seria se tivéssemos obtido a cura do câncer, como aconteceu aos leprosos lá atrás. Dizem que obtemos sucesso, quando chegamos a tempo. Coisa esquizofrênica: o mesmo veneno usado na bomba atômica serve, devidamente aclimatado, a matar células desorganizadas.

Há, já o disse, muitas espécies de câncer. Deve haver mais algumas não descobertas. Encontraram-se múmias egípcias com sinais da moléstia. Esta é muito antiga, sim, independendo do cheiro do petróleo dos automóveis, das escaras do amianto expelido pelos freios ou do alcatrão posto nos cigarros infiltrando fumaça nos pulmões dos usuários. Câncer, sífilis, tuberculose, companheiras vetustas do homem e da mulher, para que não me digam machista, voejam por aí, sugerindo desaparecimento e retornando, pois os bichos, sejam quais forem, querem sobreviver, compondo-se o permanente binômio: a vida de uns é a morte dos adversários.

No meio disso, a dor está vigendo sempre. Não há quem não a tenha sentido, desde o inchaço na barriga do recém-nascido à torturante dilaceração de tecidos feridos. É companheira nossa, obviamente, justificando-se, inclusive, a passagem bíblica: "Na dor darás à luz aos teus filhos". Dramática ou paradoxalmente, os antigos a suportavam com mais estoicismo, contando-se que durante as refregas da Idade Média os cavaleiros, coto de mãos ou braços impermeabilizados com alcatrão, voltavam ao acampamento ainda montando os cavalos de guerra. Verdade ou mentira?

Monstros da primeira idade da terra choravam sim, quando machucados, um urro talvez, ou vários, mas sempre o equivalente ao resultado do ferimento. Cães emitem ganidos, gatos miam, as próprias hienas emitem sinais indicativos de sofrimento. Os lobos, animais monogâmicos, uivam para a lua quando perdem a fêmea. Parece, entretanto, que os nascituros, ou fetos a termo, não sentem dores enquanto no útero e protegidos pela bolsa amniótica. Também não riem, mas há instrumental adequado, na modernidade, a lhes pesquisar reações faciais. Pelo visto, enquanto não expulsos, manifestam tranquilidade absoluta, quer nos lábios, quer nos movimentos corporais.

A tristeza, ou o choro, é muito mais frequente que a risada. Tenho nos meus guardados uma pequena placa de prata comemorativa dos cento e cinquenta anos do teatro "Scala", de Milão. Há ali, lado a lado, as máscaras do drama e da comédia, herança grega, certamente. Se fosse possível contar as peças teatrais e produções outras, seria fácil obter estatísticas tétricas sobre a predominância do desamor sobre a alegria de viver. O lado negro venceria celeremente.

Não há bloqueios eficazes quanto ao sofrimento físico ou mental. O que existe é paliativo, atinge determinada eficácia e mais tarde é vencido por alternativa dolorosa. Mesmo o chamado sofrimento moral é crônico. Nunca ingeri qualquer pílula da felicidade ou pastilha tranquilizante. As substâncias que as instruem são clássicas, apenas mudam de nome. Geram dependência. Em termos rudes, viciam. Remédios do tipo são receitados sem pudor por quem os conhece e por muitos que não os conhecem, clínicos gerais ou médicos despreparados para o sofisticado empreendimento. Ao lado dos incultos há os curandeiros em geral, os chefes de terreiros de umbanda, os ledores de sorte, uma parafernália trepidante trabalhando na infelicidade, doença e credulidade de desesperados, dos fados enfim, cada qual preso ao seu destino, aos acidentes de percurso, à falta de sorte mesmo. O povo tem seu aforisma: "Não há mal que sempre dure ou bem que nunca se acabe". É verdade e é mentira. Dir-se-ia que a mentira reside no não há mal que sempre dure. Este – o mal – vence infalivelmente. A morte, decididamente, não é consequência refreável.

Dizem que o raio nunca dispara duas vezes sobre o mesmo lugar. Cai sim. Os demais morrem queimados. Houve terremoto no Japão ou país próximo em que uma idosa quase nonagenária foi localizada viva entre os escombros uma semana depois da hecatombe, tomava água que escorria de um encanamento furado. Quebrara uma perna. Curou-se. Deve estar claudicando pelas ruas, surpresa por não ter sido convocada. Com um pouco de tempo vira a feiticeira do vilarejo.

Este mundo é assim. Deve existir uma regra qualquer na graduação de tais fenômenos, um espaço diferente, quem sabe, acolitando os sobreviventes para alguma tarefa diferenciada. Entretanto, Vinicius de Moraes, preocupado com o tema a seu tempo, dissertava: "vida mesmo só tem uma, quem disser que tem mais de uma, tem que provar muito bem provado no cartório do céu, assinado Deus e com firma reconhecida". O destino de cada qual é imponderável. Já ouvi de médicos afirmativa no sentido de que morrer não é fácil. Dá trabalho, exceção feita àqueles acidentes que agem de ímpeto sobre a pessoa, dilacerando-lhe as carnes sem mais aquela. Conta-se, a propósito, que os franceses de mil e setecentos se reuniam na praça fronteiriça à Bastilha, sem exceção das crianças, para presenciarem a movimentação das línguas e dos olhos das cabeças dos assassinados pela guilhotina. Comentava-se que guilhotinados ainda viviam durante segundos. Repele-se tal ideário na modernidade. Afirma-se que o seccionamento da medula extingue qualquer possibilidade de interação nervosa, esgotando-se imediatamente o raciocínio do executado. Só este poderia informar...

Vivemos da, para e pela imaginação. Estados confusionais leves, vagarosidade na criação de palavras, esquecimentos, atitudes extravagantes até, podem ser, conforme conhecimento de qualquer faxineira de bordel, o resultado de pequenos derrames, valendo a pena explorá-los. Aqui, é bom parar um pouco para refletir: vale a pena a manutenção da vida enquanto impossibilitado o doente de realizar comportamentos básicos de comunicação com os demais? Boa questão. Mas quais são os tais pressupostos mínimos de comunicação social? Chega, novamente, a contradição, o paradoxo. Para mim, a premissa fundamental do contato com o outro é o amplexo sexual, aquele abraço íntimo que traz seu fim nele próprio, o orgasmo, duplo ou não, mas aquele ato capaz, em tese, de contribuir para a geração da descendência, expressão mais emocionante da garantia da sobrevivência de um pedaço do ejaculado, sempre aquela quase perda da consciência, a nebulização da capacidade de pensar, o calor indizível começando no peito e descendo até as entranhas, aquela coisa adoidada que não sabemos bem o que é, mas termina na quase exaustão, recomeçando depois, se a tanto as forças o permitirem, demonstração de energia poucas vezes imitável. Tem isso relação com o amor, ou afeto, mas não necessariamente. A qualidade de tal conduta é extremamente importante, a ponto de a humanidade, durante séculos, ter procurado afrodisíacos eficazes indo desde pó de chifre de rinoceronte até poções milagrosas preprapradas por curandeiras estelionatárias, parecendo que a indústria farmacêutica encontrou finalmente uma substância milagreira a resolver questão tão relevante.

Não sei como aquilo funciona, mas me chega à consciência, novamente, a borboleta de Huxley, aquela que perde as asas, os pedículos, a cor, a mobilidade, estremecendo apesar disso, dentro da campânula posta na janela do laboratório, comportamento triste, mesmo para um inseto.

XXXII

Recordo-me de cliente sem nome, não o têm os transeuntes, são fantasmas de uma hora inexistente, imagens que nem rostos exibem, se os tiverem não os informo, eis que são repulsivos até.

O moço amava doidamente a noiva, guardava os "paninhos" higiênicos dentro de uma caixa de sapatos, cuidava-se de fetichista rarissimamente citado nos livros de psiquiatria, aquele jovem matou a namorada com uma faca recebida dela própria a título de presente de aniversário. Na lâmina, a garota mandara gravar o apelido do amante: "Luke".

O pedaço de aço polido embainhou-se nos intestinos da amada. Ficou encravada até que os serventes do I.M.L. (auxiliares de autópsia) o retiraram, mandando-o provavelmente ao Fórum ou, quem sabe, ao Instituto Oscar Freire, logo ali na Avenida doutor Arnaldo, lugar mefítico sim, pois sacrário de ícones ligados ao sadomasoquismo de criminosos diferenciados.

Texto extravagante este. Começa no ato sexual e se embrenha no Instituto Oscar Freire, espécie de museu de cera tupiniquim. Isso me traz "O Egípcio", de Mika Waltari, um fugitivo que se abriga nos vapores do templo onde se embalsamavam as múmias. Protegia-se até mesmo dos perseguidores. O lugar maldito se tornara impenetrável aos não iniciados.

Outro cliente matou cinco pessoas: a noiva, a mãe da própria, o pai, a empregada, a tia e depois pôs fogo na casa que lhes servia de moradia. Está por aí, imerso nos próprios pecados ou, oxalá, nem pecados tenha, pode entender-se justificado. Livrou-se? Livrei-o? Seria bom sabê-lo, mas aprendi que o ser humano, mesmo não punido, termina por se castigar sozinho, à maneira do "O Nome da Rosa", de Umberto Eco, gostei do livro, cansei-me um pouco da História da Beleza e História da Feiúra, têm efígies expressivas, mas parece que o autor se cansou depois da obra-prima e atirou os pratos pra cima, como diz o vulgo. É, tocante aos que usam o cilício, o antigo tema hoje tão combatido: ego, superego, id, os três enrolados num combate repentinamente insano (insano é a palavra), enlouquecendo-os e não impedindo, embora torturantes, a sobrevida do portador, a exemplo do filme "Aliens", horrível mas seguramente verdadeiro na alegoria.

Minhas almas penadas não me largam, não as olvido, sonho com elas. Fico refletindo sobre os cirurgiões, os legistas até, um destes personagem menor do meu livro "Caranguejo-Rei". Numa tarde morna do Guarujá, aquele cortador de ossos (médico legista) espantava moscas numa sala pequena do Instituto de Medicina Legal. Modorrava, pés sobre a mesa de tampo escanifrado. Chegou o cadáver de jovem bonita, muito branca, um buraco negro e redondo na embocadura do mamelão esquerdo. Aquele médico não pegava nos ferros havia muito tempo. Deixava tudo aos cuidados do Sebastião, "negão" que já trabalhara em abate e preparação de suínos, sabia como fazer... afinal, os artistas da Idade Média desventravam porcos, ilustrando-se no pulsar dos corações e na filtração exercida por fígados e rins, havia nesses suínos certa semelhança com defuntos. Sebastião era perito na arte. A criatura estava na bandeja. O negro fixou o corpo enrolado num lençol amarelado a servir de mortalha, uma franga depenada apenas, mas pedindo mudamente uma atenção qualquer. Surpreendentemente, o servidor público encardido acostumado a dezenas de dissecações atirou com estrépito os ferros sobre o metal rebrilhoso, olhou a morta, cutucou o legista dorminhoco, afastou as moscas necrófagas a zunirem em volta e disse baixinho: – "Essa aí você faz, doutor". Saiu à rua, respirando ar puro. Viam-se lágrimas escorrendo pelas bochechas do velho enfermeiro. No fim de tudo, diante daquilo, entende-se que até os carrascos podem chorar.

Houve um louco, meio século passado, libertado um quinquênio depois de recolhido ao cárcere. Lavavam-no com mangueira de jardim. Vivia enjaulado numa cela de quatro por quatro. Precisei denunciar o fato a todos os ventos. Aquela cadeia foi interditada finalmente. Nunca mais a usaram. Tornou-se uma espécie de monumento à sandice da raça humana.

Dou tais exemplos para não se dizer que o livro não representa o título. Lembro de Lázara e Ananias, amantes desesperados, afirmava-se que o homem desfechara um tiro na boca da amásia e outro no próprio pavilhão auricular direito. Não morreram. Lázara teve a língua dividida em duas seções, como as serpentes, e perdendo parte da visão; o amante se tornou quase surdo. Interrogados, disseram tratar-se de dupla tentativa de suicídio. O júri os absolveu. Vale a pena recordar aquilo, o juiz presidente do julgamento sobreviveu e aos noventa e dois anos, lépido ainda, retornou recentemente em visita ao tribunal, com o filho maduro a acompanhá-lo, foi à mesa da presidência, abriu a gaveta e mostrou o fundo ao acompanhante. Lá o vetusto magistrado escrevera, perenizando o espetáculo: tanto de tanto de tanto, fulano de tal e Paulo Sérgio Leite Fernandes. Assinara o certificado com um floreio.

Aquele juiz conseguiu meu telefone e me transmitiu, pela ordem, três particularidades: estava lúcido, relembrava perfeitamente o ocorrido e pretendia mostrar ao filho trintenário que o ser humano vive de recordações. Talvez quisesse, da família, também, o reconhecimento da grandeza da profissão que escolhera.

Relatos assemelhados são guardados na memória de Scaramouche. Quem o levou à especialidade sofrida? Época diferente, aquela, debates no júri adornados pelas figuras de Evandro Lins e Silva, Carlos Araújo Lima, Romeiro Neto, Serrano Neves, entre boa dezena. Evandro morreu há pouco tempo, os outros desapareceram antes, mas todos deixaram o eco de grandes julgamentos. Por exemplo, o caso Aida Cury, coberto por jornalista chamado David Nasser, na revista "O Cruzeiro", cada edição exibindo uma charge do "Amigo da Onça", aquilo apaixonava pelo romantismo com que os advogados peroraravam, aquelas togas negras evoluindo no salão do júri como se fossem falcões agressivos ou condores exibindo os tradicionais colares brancos nos pescoços... talvez a paixão pela advocacia criminal proviesse dali, ou do incontrolável amor pelo palco, fosse ele qual fosse. Tenho um filho, Gustavo Bayer, que é ator de teatro, e dos bons. Vi-o fazendo "A Morte de Danton", ele representava o revolucionário, na peça. Antes disso, fizera trabalhos diferenciados, uns dizendo com Elizabeth e Mary Stuart, aquelas roupas maravilhosas emprestadas do Teatro Municipal, haviam sido usadas por Nídia Lícia e Sérgio Cardoso, que profissão bonita, seria a minha, se em advogado criminal não me tornasse, muitos atores fizeram o curso de Direito, o próprio Sérgio Cardoso, Paulo Autran, "Jograis", e moças também, lembro-me de uma, que fez Mary Stuart, tão bonita naquelas sete saias e gola fechada no pescoço, apaixonei-me por ela, virei plateia de carteirinha, até que me notou, fixou-me do palco (isso acontece, já me aconteceu em Barcelona, a mulher dançava o "flamenco", uma potranca forte como não se vê mais, ela nem respirava descontrolada, apenas se lhe divisava o brilho de um pouco de suor numa das faces, a bailarina me viu, sim, a exemplo de Mary no palco, a dançarina de "flamenco" fez a saia farfalhar, gritou "olé", só para mim e sumiu de cena). Mary Stuart, na minha fabulação, também o fez, juro que a ouvi sussurrando, convite quase mudo, fui à coxia depois, era o meu dia, minto, a minha noite, aquelas sete saias despidas devagar, uma rainha a ser decapitada depois do encarceramento na Bastilha, cabeleira farta agora, cortada rente ao pescoço adiante, madame guilhotina se embaraçaria neles, lá vou eu, entro na coxia repleta de atores se desvestindo, eles não ligam para os mortais comuns, desnudam-se com facilidade, a rainha, entretanto, estava a me esperar. Imaginei-me ajoelhado, como um pajem da peça, tomando-lhe a mão, beijando-a e dizendo:

— "Rainha minha, tomemos um cálice de vinho licoroso nos meus aposentos, logo ali, perto do palácio".

Mary Stuart responderia:

— "Milord, aguarde apenas que eu retire estas pesadas roupagens, afligir-me-iam na carruagem de Vossa Senhoria!".

Novamente, o pajem insistiria:

— "Alteza, não o faça, quero ter a felicidade de as retirar eu mesmo, devagar, para descobrir esse corpo tão alvo e deslumbrante!".

Não aconteceu nada disso. A atriz, ainda afogueada com a última cena, que fora violenta, olhou para mim, divertida, e falou, um brilho safado nos olhos:

— "Pera aí, tio, vou tirar estas tralhas e vamos tomar um chopinho na esquina!".

Foi isso. Nunca mais vi Mary. Num certo sentido, aconteceu à moda de Scaramouche e a filha de "Binet", o chefe da troupe, na obra inesquecível de Sabatini. O sempre menino enganado pelo outro e deixado dentro de um caixote, esperando a gasolina do avião, queria a rainha de Inglaterra. Até hoje espera outra que não chega nunca. Rodeia, rodeia, mas não se entrega. Apenas finge...

XXXIII

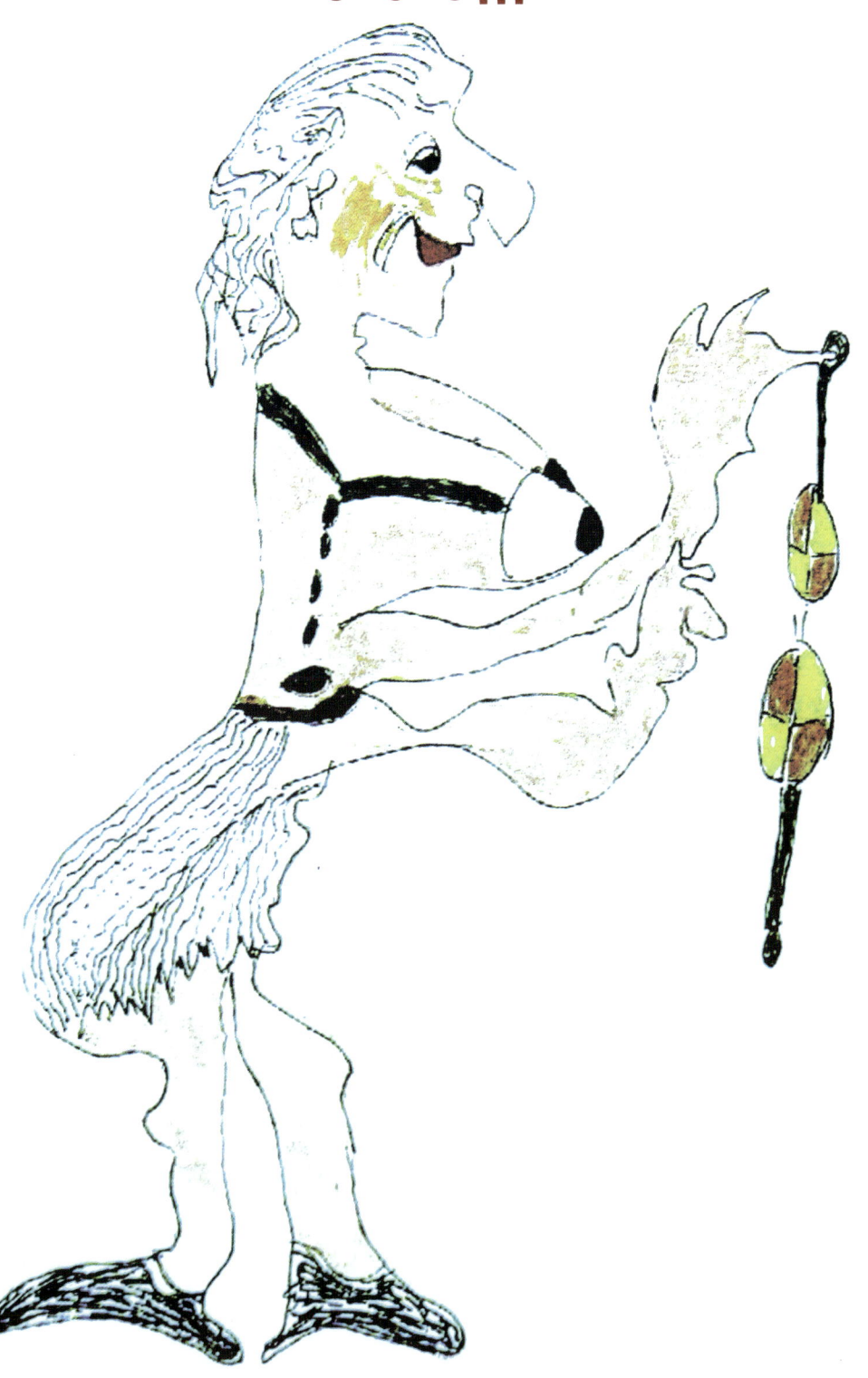

Depressões assaltam muitas vezes os homens. Há, tocante a cães e gatos, clínicas especializadas em psicologia animal. Cachorrinhos de Madame recebem atenção psiquiátrica e tomam tranquilizantes. O mundo moderno é confuso, principalmente para os velhos. Vi nos jornais a morte de Michel Jackson, o rapaz não aguentou a terrível tentativa de virar branco. Vai ser um ídolo como Elvis Presley. Tive um amigo negro e um professor de violão bem escuro. O primeiro respondia pelo apelido de "Nego Lando". Um grande dançarino nas boates da beira do cais. E brigava muito bem, com ou sem navalha na mão. Para quem ignora o comportamento dos antigos malandros, estes usavam tamancos nas andanças pela favela. Ainda não havia sandálias havaianas, valendo dizer que tenho muita raiva delas. Uma das marcas desses calçados me impediu de colocar, numa das minhas filhas, um nome lindo posto numa heroína de "A virgem de dezoito quilates", de Pitigrilli. Chamava-se Melissa. Retornando a Nego Lando: no meio daquela conturbada existência, ele tinha duas alternativas, morria na navalha de adversário ou de tuberculose. Levou um tiro no peito, como na canção de Paulo Vanzolini, ainda com um cravo na mão. Foi muita gente boa ao seu enterro. Havia, também "Red Simpson", jamaicano introdutor das orquestras de tambores de aço no país. Meu professor de violão, com certeza, mas eu preferia a gaita de boca e o piano. Aqueles enormes instrumentos recebiam afinação a martelo, produzindo sons muito harmônicos. O aperfeiçoamento dos gravadores e amplificadores levou Simpson a se desfazer daquelas barricas sonoras. Precisou tocar baixo em bares paulistas. Do meu lado, viúvo convicto, descambava para extravagante boêmia, sem álcool, perceba-se, mas gostava da noite. Visitávamos bar chamado "Buzuki", tocavam-se canções gregas, aquelas em que os dançarinos quebravam pratos no chão. Dávamos um show no sábado à meia-noite, eu na gaita, ele ao violão. Tocávamos Blue Moon, Night and Day e algumas outras americanas, ou então boleros daqueles tipo mela-cueca. Dizia-se ser preciso muito cuidado com os marinheiros gregos que chegavam. Cada um tinha sua melodia particular. Tomavam uma bebida leitosa e açucarada. Aquilo subia fácil. Daí, o bailarino fazia evoluções sozinho na pista, uma espécie de meneio de corpo muito voluptuoso. Ai de quem se atrevesse a entrar na pista para dançar junto. O marujo seria capaz de esfaquear o intrometido. Eu já era, durante o dia, criminalista conhecido em São Paulo. No "Buzuki" havia, também, dança do ventre. Quem fazia as vezes era uma chacrete apelidada Ziza. A moça, linda, evoluía em cima da mesa do freguês que a encantasse, bastando que o garçom livrasse o móvel de copos e toalha. Os tampos se punham reforçados, exatamente para tal fim. Quando Ziza gostava de algum freguês, bailava só para ele, pernas bem torneadas se mexendo logo acima do nariz do homem, dava para sentir, ou imaginar, o cheiro daquele corpo saudável e suado misturado na roupa econômica vestida pela bailarina.

  Ziza gostou de mim. Nunca se sabe a razão fundamental de mulher gostar de homem. Posso dar algumas: o macho é bonito e forte; é feio mas elegante; tem muito dinheiro; é carinhoso; pratica maldades na moça; não é nada disso, mas é bom de cama; cheira a lavanda inglesa; usa sabão de pedra quando toma banho; adquiriu poder; tem cultura invejável; é absolutamente desprovido de qualquer desses atributos, mas é bombeiro e usa coturnos lustrosos; médico, parece o doutor House, da televisão, manca de uma perna e usa bengala, mulheres adoram tais adereços masculinos e há quem goste de manquitolas; integra o grupo policial da ROTA (Rondas ostensivas Tobias Aguiar, aquele que foi marido da Marquesa de Santos. Esta, segundo a fábula, a lenda, ou a realidade, deu imenso trabalho ao diferenciado homem público que, aliás, não foi seu primeiro esposo, recebendo-a, diga-se de passagem, marcada por cicatriz de faca no corpo. Que lindo!). No fim de tudo, o eleito não tem qualquer desses atributos, mas sabe tocar harmônica de boca... deve ter sido isto, pois tenho uma teoria muito particular a respeito deste instrumento. Explico: instrumental de corda em geral, saxofones, aqueles de percussão, enfim, produzem sons em razão da mecânica dos dedos, das mãos ou do sopro. Expele-se o ar no pistão, por exemplo. A gaita é o único artefato em que o músico realmente vive, pois sopra e aspira. A rigor, portanto, a gaita não funciona com o sopro, mas com a respiração. Lembro-me de filme com Charles Bronson, um faroeste, ele era o herói que, quando menino, foi poupado pelos bandidos depois de lhe trucidarem pai, mãe e irmãs. Henry Fonda personificava o bandidão. Os meliantes põem o irmão mais velho de Charles sobre os ombros deste e penduram o outro numa trave, com um laço no pescoço. Colocam uma gaitinha na boca de Bronson. Aquilo tudo fica num equilíbrio precário, o sustentador não pode desfalecer. Caindo, o parente morre enforcado, relembrando-se que o sustentador daquela desgraça toda tinha as mãos amarradas às costas. Os criminosos vão embora. O rapazinho aguenta até os limite da resistência. Evidentemente, começa a arfar, precisa respirar pela boca, a gaita está presa ali, entre os dentes. A cada respiração há um som roufenho... fuuum, fuuum, fuumm, fuummm, até que se desfaz o arcabouço diabólico, o mocinho desfalece e o irmão morre estrangulado. Cada vez que pego uma das muitas harmônicas de boca adquiridas por aí me vem aquela cena horrível. Mas não fujo do assunto principal, Ziza e as tendências femininas. A sonoridade da gaita atinge decibéis que o ouvido externo não capta, espécie de sonido anestésico ou hipnótico. Faz uamnnn, uannn, uonnnn, fiiiii, vai anelando as criaturas devagar e muito sutilmente. Tive uma cadela, a Flor (nome homenageando Dona Flor e seus dois maridos, de Jorge Amado), que ganiu doloridamente minutos antes de uma pessoa amada morrer. Flor de Amendoeira chorava quando eu tocava, até pegava o tom e acompanhava melancolicamente os acordes. Ziza se ligou na gaita. Mulheres costumam encostar-se no piano, quando alguém toca razoavelmente em bares noturnos. Isso acontece lá pelas duas ou três horas da manhã, quando o álcool desnivela os pudores. Cuidando-se de gaita de boca, as moças se roçam no artista. É assim.

Insista-se na Ziza. Aquela jovem teve por mim ou em mim achegos inenarráveis. Lembro-me dela com afeto todo especial. Obviamente, sumiu por aí, deve ter morrido numa esquina escura qualquer, bordel ou asilo, ou então se casou certinha com um comerciante austríaco em férias no Brasil, é raro mas acontece.

"Red Simpson" me criou dificuldades. Pai de muitos filhos, ganhava a vida sustentando-se em bares assemelhados ao restaurante grego referido. Não tinha onde dormir em São Paulo. Arranjou um quarto numa casa de cômodos, eu precisava quitar seus aluguéis. Paradoxalmente, comportava-se bem com mulheres, embora tivesse alguma queda resistida por loiras. Negros gostam de mulheres claras, nada anormal nisso.

Meu passado tem, no campo intelectual, uma espécie de assunção de risco controlado. A certa altura, enquanto a ditadura imperava na Argentina, importamos Hebe Bonafini, "La Madre de Plaza de Mayo". Em homenagem a ela eu havia composto música com mesmo nome, gravando-a clandestinamente de madrugada numa rádio de São Paulo. Ainda há por aí uma ou outra "bolacha" contendo a canção. Começava assim: "Se visten com negro. Los rostros marcados con huellas profundas, los ojos brillando de ódio y dolor..." e assim por diante. Bonafini levou para a pátria uns quinhentos discos daqueles. De repente, sobreviveram à democracia e são tocados a título de recordação. Dei entrevistas à Globo de mãos dadas com Hebe. Esta é viva ainda, deve continuar forte, tinha compleição robusta, mas não parecia gorda. Dava a impressão de resistir bem a socos e porradas diversas.

Dia desses, abrindo a "internet", tive a surpresa de saber que um grupo qualquer de músicos fora premiado num festival, no sul do país, com música chamada "Las Madres de La Plaza de Mayo". Não consegui cópia, embora insistisse. O título contém o mesmo erro inscrito no meu: "Las Locas de La Plaza de Mayo". É coincidência, preciso vê-lo.

Sempre quis compor músicas e letras, mas terminei escrevendo um poema assimétrico contendo noventa e poucas estrofes, "Alameda dos Anos Dourados", desta vez em "CD". Há exemplares por aí, nos sebos de São Paulo.

Sinto-me, na verdade, uma espécie de penalista maldito. Falta-me a profundidade que faz dos doutrinadores juristas respeitadíssimos.

Sempre imaginei os criminalistas com vastas cabeleiras brancas, vozes tronitroantes, físico privilegiado e argumentos não enfrentáveis. Engano-me bastante. Não sei por quais razões, muitos especialistas perdem os cabelos, narizes são bulbosos a exemplo de pinturas de artistas holandeses do século XVIII, restam ventrudos e encurvados, enfim. Parece que Enrico Ferri era atlético e belo, digo às vezes tê-lo visto, quando eu era quase menino, fazendo uma palestra no Teatro Coliseu, em Santos, seu navio aportou aqui por dois ou três dias, houve possibilidade de ouvi-lo. Pode ser que sim, tenho vaga ideia disso, que esteve aqui é certeza, que o tenha visto pode ser fabulação. Não faz mal, fica assim mesmo.

"A vida vem em ondas como o mar", acentuava meu poeta preferido. Nasci católico, apostólico, romano, fui batizado, crismado e fiz a primeira comunhão, depois de confessar os pecados de estilo, todos tão iguais aos que o padre escutando-os devia bocejar de tédio, a menos que surgisse um casal de crianças a exemplo do "Cria Cuervos", de quem é mesmo o filme? É de Carlos Saura, sugestão terrível de que a infância pode ser má e infeliz, basta pensar em que uma garotinha se atreveria até a sugerir à avó que se mate, ou colocar veneno de rato no caldo de galinha servido à anciã... quem afirma que tais pensamentos não surgem se engana redondamente. O raticida pode até ser açúcar fingindo ser coisa diferente, mas numa dessas o menininho acerta e lá se foi a velha, já vi isso em "Chapeuzinho Vermelho", "Pela estrada afora, eu vou bem contente, levar este bolo para a avozinha, ela mora longe, o caminho é deserto, e o lobo mau anda aqui, por perto...".

Católico, apostólico, romano, e até amigo de bispo que precisou de mim nos idos de 1973, quando a ditadura andava atrás dele. Já falei na missa do meio-dia, foi bonito, os sinos da igreja bimbalhando no campanário, aquilo atrapalhava o pensamento, aquilo e a moça bonita olhando pra mim, num dos bancos da frente, como se eu fosse o arcanjo, a mulher e o cachorro do padre, um cão sem raça e metido a besta que entrava pela porta lateral da basílica e ficava por ali agachado, rabo balançando como se fosse batuta marcando compasso da música sacra cantada pela vizinha viúva e desconsolada. Falei na missa, é claro, mas também perorei em templo de Umbanda, experiência única deste velho mistificador. O edifício, muito grande, ficava próximo a uma avenida, em São Paulo. Havia fila dobrando o quarteirão, cada pessoa levava uma oferenda, garrafa de cachaça e coisa e tal. Eu havia sido convidado especialmente para aquela cerimônia. Percebi isso quando uns filhos de santo qualificados me vieram buscar, devia haver câmeras escondidas por ali, o certo é que me acharam. Dentro do templo parecia uma igreja, mas não havia altar, só uns símbolos no chão, mais um cálice grande de metal amarelo. Passei ao lado com cuidado, não podia pisar naqueles acessórios. Levaram-me à frente. Nas duas paralelas do recinto muitos e muitos filhos de santo, vestidos de branco, se encostavam à parede, à esquerda homens, à direita mulheres. Enquanto aquilo acontecia, um negro enorme, lá no fundo, começou a cantar e percutir dois grandes atabaques, tudo muito cadenciado. A plateia e os participantes diretos começaram a entoar a melodia monotonamente. Enquanto o som aumentava, o babalaô entrou. Tinha um manto comprido sobre os ombros, por fora era vermelho, por dentro preto. Os mesmos assistentes que me haviam conduzido adiante tiraram o manto do chefe da cerimônia e, graciosamente, puseram-no nas minhas costas. Entendi então que era um rito muito especial. Ofereceram-me um cálice de uma garrafa de cachaça que o pai de santo entornara quase inteira, deixando só um pouquinho. Para não ser deselegante, molhei os lábios no líquido, percebendo não ser lugar de brincadeira. Tratava-se mesmo de álcool muito forte. Meu anfitrião, a seguir, entornou outra garrafa e se transmudou em diversa pessoa, voz rouca e sotaque de campesino. Começou a dançar ritmicamente. Quando percebi, embalado por aqueles meneios que dependiam exclusivamente de um equilibrado jogo de pés e mãos, comecei a bailar também. Precisei resistir para não perder contato com a realidade. O gingado durou alguns minutos. Em seguida, algumas filhas de santo entraram em transe, mexendo-se convulsivamente. Adeptos mais experientes já se encontravam próximos. Ampararam-nas pelas costas, poderiam machucar-se nas contorções, talvez. O chefe da cerimônia ouvia os queixosos, dizendo-lhes algo nos ouvidos, baixinho, uma espécie de confissão e bênção.

Terminado o ofício místico, filhos e filhas de santo encostaram-se novamente na parede, já então num longo corredor. Passei no centro com o babalaô, só nós dois, enquanto a guarda de honra nos saudava mudamente com as mãos postas. Num outro salão havia um banquinho e uma almofada, bem no meio. Sentamo-nos ali e conversamos. Não havia naquele sacerdote umbandista um único sinal de embriaguez.

Não sei o que pretendiam de mim. E nunca mais voltei lá, não que me tivesse posto em desconfiança, mas por sempre temer, nas crenças, nas paixões e no amor, perder a liberdade indispensável à condução da própria existência. O acidente ficou parado no tempo, à maneira de tudo o que acontece comigo. Um bom companheiro meu, mais velho e certamente muito sensível, me disse, certa vez: – "Paulo Sérgio, já reparou que você só toma, sempre, a metade do café?". Não lhe respondi, mas a própria vida é tarefa inacabada.

O motivo verdadeiro de eu ter ido ao templo de Umbanda é segredo absoluto. Não seria o único a apelar para tais soluções. Vi na televisão, há muito tempo, João Figueiredo ser operado cruamente por um curandeiro qualquer. O ex-presidente tinha um calombo nas costas, nem saiu sangue. Os médicos espirituais costumam receber o doutor Fritz. Para quem acredita, ele faz milagres.

Conheço gente muito culta que consulta horóscopos. Existe quem não tome decisões sérias sem examinar mapas astrais, e assim por diante.

XXXIV

Lembro-me ocasionalmente de meu pai. Um homem sério, honesto e simples. Nunca soube de qualquer coisa errada que tivesse feito. Todos gostavam muito dele. Celestino – era seu nome – tinha uma característica. Dormia incoercivelmente depois das refeições. Capaz de fechar os olhos com o garfo a caminho da boca, gerava constrangimentos à família nos jantares de cerimônia. O ex-ministro do Supremo Tribunal Federal Paulo Brossard dormia no meio de julgamentos. Conduta embaraçosa, é evidente, mas cada qual tem seus problemas, precisando administrá-los. Enquanto acordado, proferia votos diferenciados.

     O fenômeno é conhecido como narcolepsia, sucedendo depois da alimentação. O comilão abandona a consciência repentinamente, uma espécie de catalepsia larvada, igual à que eu tive certa vez, em menino, querendo alcançar o cordão da cortina para levantá-la e poder respirar, aquele barbante ali perto, muito próximo sim, mas a mão não chegava a ele, não saía do lugar, eu estava morto, quem sabe, que coisa aborrecida, por causa disso, é possível, tenha medo de dormir e não acordar depois... um homem velho agora, as rugas buscando os dois lados da face, e pronto, o pescoço, o rosto enfim, o cabelo antes espesso rareando mais e mais, ser ancião é a negação da própria vida. Percebe-se ao espelho que se vai morrer na dobra da esquina, aquela sensação de eternidade some, há tanto a fazer ainda, tantos projetos, sim, projetos fiz, como na canção popular, iguais àqueles da surrada canção de dor de cotovelo, os boleros sempre cantam o desespero do macho encanecido, o próprio desencanto é lugar-comum, pois não há espécie de dor que já não tenha sido chorada no meio do próprio cantar, os passarinhos cantam, ou sibilam, mas o homem é o único animal que ri, não é extravagante? Não, as hienas riem, gargalhada doentia que ouvi outro dia naquele programa do Geographic Magazine, audiovisual sádico mostrando as mil maneiras de os bichos se destruírem na luta pela sobrevivência. Não sei bem como deve se comportar o moribundo. Suportará resignadamente a chegança da suprema agressão do outro mundo? Deve agarrar-se aos lençóis, à mão do cirurgião impotente, aos braços do ou da amante, às vestes de quem esteja, talvez, rezando para que se vá o enfermo mais depressa, para término daquele desespero enojante? Os antigos, e mesmo os não tão antigos habitantes das Minas Gerais, chamavam as carpideiras, ou a paredemeia conhecida pela capacidade de verter lágrimas seguidas ao lado do caixão, enquanto do outro lado da sala a viúva, ou a avó, servia a sopa bem quente na tentativa de manter o ânimo dos circunstantes, quando há de chegar a hora que vem para todos aqueles que lamentam a perda dos que partem para a viagem sem volta?

    Lembro-me de "Beau Geste". Marcou-me na adolescência. Os irmãos – eram três? – juraram que quem morresse em primeiro lugar teria um enterro de "viking", sendo posto dentro de um barco ardente e empurrado em direção ao mais longe do mar. Féretro de guerreiro, sim, com ou sem moedas nos olhos para o pagamento da passagem até a outra margem do rio dos mortos, mas sempre um espetáculo diferente, não aqueles que vi e vejo quase diariamente, cada vez mais repetidos, padres cheirando a mofo dentro das batinas usadas, coisa repelente, padres e advogados, de batina ou toga, têm o mesmo cheiro, as prédicas, os sermões, o choro sim, o constrangimento gerado à presença do corpo de quem partiu mas que não deveria ter ido, a própria bruxa precisaria ser reportada pelo acompanhante, quem foi mesmo que desenhou o rosto da mãe enquanto a matriarca partia? Flávio de Carvalho? Quem disser que me engano pode comprová-lo buscando uma enciclopédia... o desenhista poderia fazê-lo, se gênio fosse, mas não o era, então aquele comportamento pesa como suprema ofensa à dignidade da genitora.

    Quase mocinho, passava tardes inteiras num terreno baldio, caçando aranhas. Naquele tempo, comprar formol em farmácia se inseria dentro da normalidade. Pegava os bichos, injetava-lhes a substância e os colocava dentro de vidros, uma coleção bizarra, certamente. Não sei se me apetecia fazer aquilo, mas fazia. Dizem que garotos têm alguma dose de sadismo. Quem sabe aquela tendência significasse conduta normal em personalidades ainda não definitivamente amadurecidas. Melhor isso, entretanto, que se transformar em bailarino clássico em palco de província. Já vi isso acontecendo, não é bom, embora faça esforço enorme para ombrear os que são e os que não são.

O melhor livro que Jorge Amado escreveu foi, sem dúvida, "Capitães de Areia". Os adolescentes tinham vida livre na praia, reminiscências da infância do próprio autor. É difícil não se colocar o escritor nos manuscritos. Há sensível e palpável interferência da própria intimidade. Jorge, o Amado, deve ter feito o mesmo, relembrando a época em que amassava areia. Por outra vertente, é quase impossível ao escrevinhador não repetir o que um parceiro pôs no mundo. As quatro emoções básicas, chamadas por Mira Y Lopes "Os quatro Gigantes da Alma", são sempre as mesmas: o medo, a ira, o amor e o dever. Alternam-se em nós, desde o despertar até o adormecer, e mesmo durante o sono. Medo de morrer, raiva do concorrente, afeto por mulher, pais, amante, filhos, cachorros ou passarinhos, obrigações a cumprir, enfim. A humanidade não é simples. Há mulheres que gostam do jardineiro, bombeiro, massagista, motorista de caminhão e assemelhados, levando às últimas consequências suas tentações, umas estancam no meio do trajeto, aquelas nem tentam, recolhem-se pudicas evitando o olhar concupiscente do taxista fixado no retrovisor. Não se dirá que o comentário é extravagante. Simplesmente acontece, não a todas, é claro, é exceção, devotam-se a tanto as desesperadas por carinho ausente ou insatisfeitas com o pouco recebido.

Recordo-me de romance denominado "Não sei o quê na areia", ligado a tais excentricidades sexuais. O nome não importa, interessa a história. Três ou quatro rapazes, num país de língua espanhola, queriam enricar. Um deles pretendia transformar-se em grande estilista de moda na Itália. Partem para Roma. O dinheiro se esgotou nas passagens. Transformaram-se em "garotos de programa". Bonitos e troncudos, economizavam roupas para poderem aparecer razoavelmente bem quando surgia, depois de descer do navio, uma viúva solitária ou turista cinquentona disposta a aproveitar férias conquistadas a duras penas. Aproximações fáceis aconteciam. Os encontros geravam algum lucro, não muito, mas sempre vinha um presentinho, aquela abotoadura de metal dourado, uma gravata de marca famosa, um vinho tinto, camisa colorida, um boné, acessório não permissivo a satisfação do sonho, mas dava pra comer ou trocar por algum dinheiro. Certo dia, um dos moços, com certeza o mais bonito, acompanhou uma senhora branquinha, muito bem conservada, cabelos lisos terminando à altura dos ombros, típica fêmea norte-americana, bons dentes, corpo rijo, seios pontiagudos marcando a blusa de seda. Aquela viajante saiu indecisa do portaló. Os moços tinham um acordo tácito com os agentes alfandegários, que apenas sorriam às visitantes e diziam tudo estar tranquilo, os jovens eram prestadores de serviços a agências de turismo. A visitante exibia bagagem grande e cara, o logotipo da marca aparecia no couro de primeira linha. Os "scorts" sabiam que ricos e estelionatários chegavam a hotéis utilizando boas malas, porteiros e recepcionistas identificavam o "status" do hóspede por aquilo. Aprendi, saiba-se, na minha longa e diversificada existência, que a bagagem não precisa ser nova, não deve dar a impressão de aquisição recente, o viajante pode estar vestindo "jeans" rasgada e desembarcar com barba por fazer, mas as malas precisam ser de origem boa. Pois bem, aquela senhora tinha ótima cepa. Merecia atenção. Houve um olhar só entre os dois, não o encaramento direto da mulherada de hoje, época de igualdade entre os sexos e nenhuma cerimônia entre ambos. O rapaz, com muita gentileza, auxiliou a estrangeira a valer-se de um carregador. Convidou-a insistentemente a aceitar uma carona, seu automóvel estava ali perto, não era preciso saber que se tratava de carro alugado por hora de locadora que tinha filial no porto, carro bonito, para duas pessoas, um "Alfinha" portando bagageiro externo, uma belezinha, daquelas que qualquer um, jovem ou velho, gostaria de ter. Estacionaram num hotel de luxo situado próximo à Fontana de Trevi, a mesma que servira de fundo a uma cena de "La Dolce Vita", com Marcelo Mastroiani e Anita Ekberg, aqueles peitos apontando para a lua, Fellini, muito safado, não se esquecera disto, Marcelo e sua lambreta, sempre que passo perto de uma concessionária de motos tenho vontade de comprar uma, não me esqueço daquilo, tenho uma foto minha abraçado com a imagem de Ekberg numa imitação da Fontana, na "cinecità", vai daí, o hotel escolhido pela visitante deslumbrada tinha cinco estrelas no frontispício, a desembarcada exibia sotaque texano, o mancebo latinoamericano não o percebeu. A viajora entrou, um beijo cerimonioso apenas, registrou-se e sumiu na penumbra, sem voltar o rosto. Isso me lembra que os selvagens de Bali se cumprimentavam encostando os respectivos narizes, mas não tem importância a digressão, releva notar que o casal se viu novamente nas noites seguintes, ela pagando tudo, almoço, janta, boates, até que aconteceu o inevitável: foram parar na cama. O "scort", antes, foi ao banheiro, tomou as providências de praxe, sentiu o hálito com as mãos em concha, estava tudo bem, fumara uns cigarros mas a parceira não percebera, ou fingia que não, ela também fumava, dando grandes tragadas à maneira de Hollywood, fumantes não sentem o cheiro do outro... depois rolaram num comprido e largo leito provido de brancas e imaculadas roupas de cama, deixando ali "as marcas do amor nos nossos lençóis", que frase antológica, sempre que reflito nisto chega o retrato de Roberto e Erasmo Carlos, ambos ainda vivos, enrugados como todos nós e insistindo em viver, não é mesmo? Tem gente que gosta, todo mundo gosta, embora disfarce, depois tem a Vanderléia, não é por outra razão que Brigitte se escondeu, "che cosa fatto lei"?

Rolaram na cama cheirosa do hotel luxuoso, sim, a criatura não tinha muita experiência, ele a achou um pouco desajeitada, ou não muito experimentada nas questões do amor, mas carinhosamente excitada, não titubeava em permitir carícias diferentes das manifestadas lá em casa (usava anel na mão direita). A parceira não exibia qualquer marca de bisturi de cirurgião plástico. Mostrava seios firmes, embora não opulentos, ventre chato e liso, unhas não esmaltadas, pés tratados, tudo, enfim, significativo de pessoa da classe média alta no país de origem. Aquele garanhão latino sabia diferenciar o gozo autêntico do esganiçar fingido de algumas que encontrara naquela vida prostituída. Sentiu nas entranhas o prazer verdadeiro da companheira.

Quatro ou cinco dias de fartura, eis a consequência daquele encontro, refletindo-se no estômago, no leito e na alegria mútua. Chegou, entretanto, o momento da partida. Uma despedida nostálgica. Lembro-me, repentinamente, do título do livro: Areias Ardentes (Ane Mather?). Foi deprimente o adeus, é claro, ela verteu lágrimas, ele se emocionou, aquelas particularidades insistentemente repetidas quando dois amantes se separam, nunca a exemplo daquele pedaço da canção de Paulo Vanzolini, "chegou à meia-noite, saiu de madrugada, sem dizer nada". Não, disseram-se bastante. O jovem já estava decepcionado, a mulher não fazia menção de o presentear com dólares sobrantes, ou dinheiro italiano remanescendo nos guardados. Veio, surpreendentemente, um pacote dourado cuidadosamente embrulhado e misturado num último sorriso. O moço desembrulhou o presente, tratava-se de uma bonita cigarreira de ouro, podia ser laminado, mas havia metal precioso, com certeza. Boa doação, mas só um efeito agradável, daria o suficiente para fim de semana de comida regular e mais nada. A viajante americana, vendo-o colocar a cigarreira no bolso, agradecido, perguntou-lhe se não a abria. Ele o fez. Havia no interior um cheque de US$ 25.000,00 (vinte e cinco mil dólares), suficientes, acredite-se, para o amigo candidato a estilista montar sua loja e se tornar um dos maiores modistas da Itália.

A história não terminou nisso. O felizardo amante precisou voltar à pátria. Havia uma revolução, tomara o partido dos democratas. Derrotou-se o ditador. Aquele rapaz se transformou em líder dos revoltosos, sendo premiado com uma embaixada nos Estados Unidos da América do Norte. Apresentou suas credenciais em cerimônia realizada na sede do governo. Recepcionaram-no o vice-presidente e sua esposa. Extremamente surpreso, o embaixador reconheceu naquela elegante mulher a viajante com quem havia pernoitado várias noites na Roma antiga. Não deram sinal da aventura. À partida, entretanto, o diplomata enfiou a mão direita no bolso interno do paletó bem cortado. Desafiando as regras do encontro oficial, retirou uma cigarreira de ouro, muito usada, aliás, abriu-a, fez que ia retirar um cigarro, desculpou-se em seguida e guardou o objeto com um pequeno estalido. Despediram-se e não mais se viram no resto da existência.

Adoro finais assim e romances água com açúcar. É claro que o teor foge à rotina, pois não se encontra na Itália, todos os dias, dando sopa, a esposa de um vice-presidente da ainda mais potente nação do mundo. Poder-se-ia mudar os personagens, o encontro seria com uma turista japonesa, em trajes tradicionais do país, chegando com aquelas sapatilhas pequeninas e modulando econômicos passinhos no piso rugoso do porto da Roma dos Césares. A descrição, então, seria modificada, o escoteiro acompanhante demoraria meses para levar a cabo a sedução, isso sem levar em conta o bando de samurais a proteger a quase primeira-dama, parece que o Japão não tem vice, mas não me sobra paciência para procurar a peculiaridade na "internet". Fica posto, bastaria que a nipônica fosse bonita, portadora de olhos esgazeados, vestisse quimono colorido e usasse sombrinha a proteger-se do sol, tudo porque assisti à peça Miss Saigon, americana ou japonesa tanto faz, vale mesmo é a imaginação.

O relato deveria terminar aqui. Por minha conta e risco, faço o embaixador atirar a cigarreira pela janela da embaixada. Fora pesadamente ofendido pela polícia no aeroporto, sendo obrigado a descalçar os sapatos, mesmo exibindo suas credenciais de diplomata, não se furtando, inclusive, à revista pessoal, pois o objeto metálico provocara o apito da engenhoca detectora de terroristas.

XXXV

Verdade ou mentira, eis a questão posta permanentemente no Judiciário do mundo inteiro. É impossível, creia-se, a fixação irredutível da global realidade de um fato. A maior pretensão a tanto será sempre imperfeita. Dir-se-ia que o desiderato é alcançado nas denominadas ciências exatas. Não se acredite muito nisto. O número sete pode significar sete unidades mas também simbolizar sete milhões de unidades, bastando haver a redução adequada no cérebro do intérprete, uma espécie de convenção que, até nos números, pode ser metafórica, a exemplo da criptografia.

No âmbito do Poder Judiciário, então, as dificuldades assumem papel importantíssimo. Tocante à fabulação em si, ou à imaginação levada ao extremo, li interessantíssimo artigo escrito por um cientista médico a respeito da glândula pineal. Cuida-se de um corpo muito pequeno, menor que uma noz, assim como uma ervilha, situado no centro geográfico do cérebro. Antigamente não lhe davam muito valor, mas parece desenvolver algumas funções relevantes, inclusive de natureza sexual. Há seitas religiosas que dão à pineal um papel de reduto da alma. Descartes lhe dava muita atenção.

Não sei qual o motivo de trazer a glândula pineal ao texto, tenho estado muito impressionado com a influência de tais corpúsculos no comportamento do ser humano. Evidentemente, isso tudo diz com muito sérias disputas sobre a existência ou não do livre-arbítrio. Prefiro dizer, talvez em repetição, que temos, sim, arbítrio, mas não livre. Quanto às glândulas, que dizer da amígdala, já citada atrás? É outro broto pequenino cuja função não se conhece muito bem, mas não há no corpo humano órgão ou acessório inútil. Ou será que existe? Se não houvesse, não se poderia retirar a próstata, o apêndice, a vesícula, enfim. Digam os anatomistas, que diria um Leonardo Da Vinci, enquanto abrindo o ventre dos defuntos para aperfeiçoar sua arte maravilhosa e poder melhor pintar o corpo, exibindo ao mundo sua maravilhosa produção, que não era grande, diga-se de passagem, mas tão boa que restou para a posteridade?

Conheci há muitos anos um artista do desenho que se dedicava a copiar o corpo humano, perenizando-o em livros de medicina. Sua obra era perfeita. Deve andar por aí ainda.

Falta-me explicação razoável para a descrição daquele talento, mas quem for sagaz há de ligar isso àquela horrível lembrança, posta em algum lugar das reminiscências, da menina dilacerada estendida sobre a bandeja do necrotério, poucos moços e moças em torno do velho professor Flamínio Fávero enquanto este descrevia as causas da morte para os alunos da Faculdade de Direito, todos horrorizados com aquela visão dantesca.

Recordo-me muito bem, eu era jovem e terminava a Faculdade. Um colega de turma, certo dia, afirmou estar escrevendo um livro sobre abortamento. Respondi imediatamente que também escrevia sobre o mesmo tema. Muito depois de formado, sempre alguém me interpelava ironicamente sobre aquela produção literária não consumada. Não houve jeito. Precisei levar a cabo a tarefa. Ficava noites e noites escrevendo com uma letra miúda conservada até hoje. Desesperei-me numa certa madrugada. Já casado, tinha duas filhas pequenas e pouco dinheiro. Deu-me acesso de desespero, rasguei o manuscrito em pedaços e fui dormir. Algumas páginas ficaram ensopadas com leite que eu derramara. Quando acordei na manhã seguinte, aquelas folhas haviam sido coladas com fita adesiva e pendiam nos varais da área de serviço do apartamento. Minha primeira mulher, doidamente inteligente e presente à maneira de uma fada protetora, havia consertado o escrito, pondo os parágrafos em condições de serem copiados. Ainda não havia as fotocópias. Existia um papel esquisito chamado "termofax". Amarelava com o tempo, mas quebrava o galho.

Daquele dia em diante o livro foi saindo aos poucos mas, ao terminá-lo, não havia quem quisesse correr o risco da edição. O autor era desconhecido. Vai daí, lembrei-me de que Flamínio Fávero fora o anatomista no curso mais sacrificado que eu já fizera, já descrito alhures, pondo-me em contato direto com a morte violenta. Arranjei o endereço do legista famoso, amarrei as folhas datilografadas do livro recém-terminado, tomei um ônibus e encontrei Flamínio num apartamento situado na rua São Carlos do Pinhal, atrás da Paulista. Lembro-me bem, até hoje, o professor me abriu a porta, confundiu-me com um vendedor qualquer e afirmou que não queria comprar coisa alguma. Pude ver na sala de visitas um rapaz de bigode, sabendo tratar-se de Odon Maranhão.

Demorei a conseguir explicar minha pretensão. Em síntese, sem o prefácio do catedrático eminente eu nunca conseguiria editar aquele livro.

Quinze dias depois recebi um pacote pelo correio. Eram os originais, acompanhados de um carinhoso prefácio manuscrito. O professor me atendera. Consegui editar a obra sem maiores entraves. "Aborto e Infanticídio" se transformou, creio, num clássico do gênero. Ainda há por aí quem me confunda com médico.

Anos e anos depois, fui ao velório de Flamínio Fávero, uma inumação simples, como o fora o discreto sábio. Mais tarde, um trintênio talvez, velei o corpo de Odon Maranhão. Os dois, genro e sogro, foram velados no salão nobre da Faculdade de Direito da Universidade de São Paulo.

Quantos já ajudei a enterrar? Não sei bem, mas há uma hora em que se começa a ter medo da chegança da grande bruxa, talvez a única criatura que não consegui vencer.

Dois romances escrevi, insisto. Gosto mais de "Dolores", aquela boliviana gorda, marca-passo no peito, quase feia, cabelos bastos e lisos cortados à altura dos ombros, não barriguda não, mulher roliça, dir-se-ia, pés pequenos e bonitos, dentes brancos e muito saudáveis. Dolores deveria chamar-se "Consuelo", mas foi escrito ao tempo dos velhos computadores. A máquina se recusou terminantemente a aceitar o segundo nome. Não o registrava, definitivamente. A solução foi mudar o título. "Dolores" é a história de mulher que na Bolívia ocupava o cargo equivalente, aqui, a Secretário Geral do Ministério da Agricultura. Era Dolores quem, analisando os levantamentos aerofotogramétricos dos campos de coca, escolhia as plantações a serem queimadas e permutadas por sementes. A Secretária Geral dava prejuízo enorme aos cartéis. Assim, prepararam armadilha para a moça. Apareceu-lhe um namorado brasileiro intrigado com a maquineta que Dolores carregava no peito. O sedutor marcou-lhe uma consulta no Brasil com um grande cirurgião cardíaco. Na manhã do dia agendado, o amante pretextou um compromisso e deixou a mulher sozinha no hotel. Veio a polícia federal. Os agentes se dirigiram diretamente a uma bolsa que a boliviana carregava. Descobriram dentro uma chave de um "malex" do aeroporto de Guarulhos. Dolores, presa, foi obrigada a acompanhar a polícia até aquele armário. Abriram-no. Continha 90 quilos de cocaína pura. Dolores foi presa em flagrante. Na Bolívia, a demarcação de terras se desmoralizou plenamente, pois as notícias correm. O Governo balançou e os campos de coca se salvaram.

 Sei de gente que escreveu muitas obras e de outros que não passaram de uma. Basta um livro, entretanto, para guindar alguém ao Nobel de literatura. Saramago é Nobel, embora lhe tivesse identificado, numa das obras, o terrível cacófato "por cada". De repente, em Portugal, isso não faz mossa alguma... Independentemente de ter escrito em língua portuguesa, depois traduzida para quase todos os idiomas, o José é bom mesmo, às vezes chato de ler, aquele criador de Blimunda e Baltazar Sete Sóis escava o inconsciente, trazendo à tona, de forma sutil, o que vai pelas sombras do pensamento mágico. Leio pouca coisa por inteiro. Aliás, não leio coisa alguma por inteiro, canso-me de percorrer linha por linha, pulo trechos, parágrafos e páginas, adivinho o que vai acontecer como faço em filmes de "suspense", raramente me engano quanto à antecipação do assassino. Fio-me no preceito de que o criminoso é o menos suspeito de o ser. No fim de tudo, originalidade não existe no reino da literatura. Os grandes pensadores já refletiram sobre o possível e o impossível. Muda-se apenas a maneira de contar os dramas da raça humana.

 Interesso-me por quem vence e sobre quem é vencido. Leio-lhes as biografias. As mais recentes são mais confiáveis, é claro, porque os biografados deixaram marcas palpáveis nos caminhos que o mundo tem. Li biografias de Balzac, Zola, Voltaire e outros, algumas contendo retratos dos relembrados. Balzac era gordo e feio, dizem que morreu de tanto café que tomava nas madrugadas dos folhetins, morreria de qualquer jeito, da cafeína ou do tabaco, da cachaça ou da cocaína, mas faleceria sim, pois é o destino universal. Consta que Honoré, no fim da vida, ou mais próximo dela, se casou com uma nobre muito feia mas rica, merecendo bom sustento a partir dali. Não se fale de Zola, que viveu confortavelmente a poder de seus escritos, ele que assumiu obstinadamente a defesa de Dreyfus. Este, todos sabem, pagou o caro preço de ter espionado contra a França, hipoteticamente, devido à ascendência judaica. Gosto deles. Sei de quem não gosta de espanhóis. Tenho amigo israelita, daqueles submetidos à circuncisão. É hábito da raça e possivelmente adequado à prevenção de doenças como a Cida. Cortar a pele, ou o prepúcio é, indiscutivelmente, atividade dolorida, constituindo, ao tempo da Alemanha nazista, indicação precisa para a incineração ou envenenamento nas câmaras de gás.

Dizem que os hebreus cooperaram na morte de Jesus Cristo. Foi assim ou não foi? Não entendo bem disso, é algo ligado a Pôncio Pilatos, governador da Judeia no ano vinte e seis, com poderes absolutos e devendo contas somente a César. Conta-se o que aconteceu, entre outros, no Evangelho de João, Capítulo 18. Execrar-se um povo em função de lendas é tarefa que não me estimula, embora milhões de pessoas, todos os dias, comemorem a última ceia. Fica tudo muito enrolado naquelas mútuas acusações de cometimento de atrocidades. Basta lembrar que a inquisição, agasalhada pelos papas, seviciou infelizes sem conta em calabouços nauseabundos, deixando-se de lado a castração daqueles menininhos escolhidos para o coro do Vaticano, na Capela Sistina. Particularidades horríveis sim, desmerecendo qualquer aplauso.

Transformou-se Israel, agora, num Estado guerreiro, substituindo a arte da negociação, adequada aos antigos, pelos explosivos dos mísseis e ranger das esteiras dos blindados. É preciso defender e ampliar um território adquirido a poder de extremo esforço. Aquela gente, realmente, tinha qualificação extravagante para o comércio. Os dinheiros do mundo estavam e estão, ainda, nas mãos dos vetustos mercadores de Veneza. Defendem o chão, expurgando os maus agouros do passado.

De meu lado, não consigo abandonar, nos períodos oníricos, as histórias românticas da Idade Média, de Lancelot do Lago e Ivanhoé. A figura lendária do Rei Arthur sempre me aparece, ele e Ricardo Coração de Leão, tudo misturado naqueles castelos protegidos por fossos profundos e cavaleiros metidos em armaduras reluzentes, presentes todos na Magna Carta de 1215.

São minhas lendas preferidas. Uma tia, quando eu era menino, me ensinou a pronunciar corretamente o nome em inglês. Aquele guerreiro precisava defender a honra da Rainha, de resto muito discutível. Vigoravam os Juízos de Deus. O combate estava para se realizar e o cavaleiro não dispunha de armadura, lanças, corcel e escudeiro. Pediu, então, socorro financeiro a um mercador de York. Raramente se vê um usurário com raízes hebraicas emprestar sem garantias, fiadores e avalistas. Aquele agiota não fugiu à regra. Negou dinheiro ao cavaleiro falido. Isso se passava no século XIII, enquanto João-Sem-Terra, pressionado pelos barões, concordava em dispor de alguma porção do mando absoluto que detinha. Deu-se origem ali, todos o sabem, à Magna Carta, inspiradora de todos os movimentos libertários empreendidos pela espécie humana. Veem-se ali, a par dos repetidíssimos dispositivos correspondentes ao respeito às liberdades do homem, algumas medidas curiosas ligadas a juros extorsivos, mal de que a humanidade padece a partir do minuto em que os primitivos aprenderam a negociar, emprestando e cobrando coisas, substituindo-as mais tarde por rodelas de couro ou de bronze, ou cobre, prata e mesmo pepitas de ouro. Naquele documento, logo na diretriz de número 10, já se pode encontrar certo receio da capacidade dos israelitas em tomarem para si o lucro exorbitante das transações. Leia-se: "Se alguém tiver tomado dinheiro emprestado de judeu, sendo a soma grande ou pequena e morrer antes de pagar, a dívida não vencerá juros enquanto o herdeiro for menor, seja de quem for que dependa; e se a dívida cair em nossas mãos, nada receberemos senão o principal constante do título". Prossiga-se na disposição seguinte: "E se alguém morrer devendo a judeus, a mulher receberá o dote e nada pagará da dívida; se alguns filhos do falecido forem menores, ter-se-á de fornecer-lhes o que for necessário para viver de acordo com a situação do falecido; e do restante se pagará a dívida, reservando-se, contudo, o serviço devido aos senhores feudais; por igual maneira proceder-se-á quanto a dívida para com outras pessoas que não são judeus".

Eis então que Rebeca, filha do banqueiro, procurou Ivanhoé, à saída da cidade, e lhe ofertou um cofrezinho com as joias daquela que fora sua mãe, herança com utilização não proibida. O herói aceita, arma-se e vence a luta, salvando o nome da protegida. Não se sabe se o cavaleiro foi ou não recompensado pela moça, depois do embate. Isso fica em suspense, como a história de Jackeline Kennedy e o armador Onassis, mas é outra história, não podendo dar margem a conjeturas malévolas.

As lendas têm usualmente um pouco de verdade. Os menestréis não explicam se Ivanhoé tinha ou não ligação mais séria com a rainha, parece que a outra e ele se enlaçaram em algum canto, atividade proibida às virgens, mas sempre acontecendo à sombra dos muros, nas dobras das esquinas e nos dosséis das casas mais bafejadas pela fortuna. Amores clandestinos existiam, existem e existirão sempre, embora sejam cobrados às mulheres, ainda hoje e em algumas nações primitivas, daí surgindo a lapidação, havendo alguém, inevitavelmente, a atirar a primeira pedra. Tenho uma cópia, não sei se pirata, do filme estrelado por Robert e Elizabeth Taylor, há outra atriz famosa no elenco, aquilo veio de um livro do escritor inglês Walter Scott, lançado em 1819. Depois houve, inclusive, uma série de televisão, pelos idos de 1958, contando as aventuras do cavaleiro andante referido. Roger Moore, o mesmo que personificou James Bond, fazia o personagem principal. Passava-se a lenda no período em que João-Sem-Terra foi obrigado pelos barões a editar a Carta Maior da humanidade, cujos dispositivos são usados até hoje por juristas do mundo inteiro, sem muito êxito, diga-se, mas ainda assim ornamentando as perorações dos criminalistas.

Relembrando o episódio vivido, na fábula, pelo negociante, por Rebeca e outros, é bom dizer, em libertária associação de ideias, que o pior torturador é aquele que já foi torturado, o combatente mais sanguinário é aquele que já viu a família pisoteada pelos cavalos inimigos.

Jesus foi torturado, sim. A crucificação é tortura dolorosíssima. Quem era ele, filho do Criador do céu e da Terra, ele próprio uma divindade, ou um líder político executado segundo o costume? Fui ensinado a acreditar na primeira hipótese, sonhando de vez em quando com as dores do seviciado. Fixam-se braços e pernas na cruz, tracionando-os a poder dos pregos introduzidos entre ossos e artelhos. Dizem os entendidos que o crucificado morre de pneumonia. Sabe-se lá qual a razão do passamento, devem ser várias, nunca uma só. Cuida-se de morte lenta, indubitavelmente. O soldado que enfiou a ponta da lança no peito do dito filho de Deus feito homem deve ter sido impulsionado pela misericórdia. O corpo de Cristo, o sangue de Cristo, a ressurreição depois de três dias, o pedido de socorro à primeira pessoa da trindade, tudo faz parte de episódio curtido por crianças e velhos, umas porque lhes contaram a história no entremeio do cheiro de incenso (ainda o sinto nas narinas), outros porque têm medo de morrer e querem purgar suas culpas. Que vocação terrível, nascer com o pecado na alma, precisando limpá-la e abjurar a mancha impregnada no próprio útero materno... isso deve ter algo com o coito, a introdução do pênis, o ato sexual em si. Que o digam os sexólogos em geral.

Os discípulos eram mortos assim ou atirados às feras. Não só eles, mas delinquentes de diversas categorias passavam por castigos análogos. Fui a Roma e vi as catacumbas onde os sediciosos se reuniam. Entrei naquelas cavernas, conhecendo-as fisicamente nos detalhes possíveis. Não consigo esquecê-las. Por exemplo: uma cabeça de não mais que dois e meio centímetros, provavelmente torneada em marfim, aparecendo entre as protuberâncias de uma lateral, um anjinho quem sabe, assemelhado, entretanto, a um bichinho parcialmente enterrado, lesma esbranquiçada quase a se mexer, creio que todos os visitantes viam aquilo, não só eu, porque se eu tivesse sido o único não me livraria, certamente, de uma sorte de esquizofrenia que os fabuladores têm. Andei por ali e caminhei até uma abóbada grande onde, certamente, as reuniões aconteciam sob o logotipo do peixe.

Vêm-me lembranças dentro do padrão de conjunção livre do ideário. Veja-se a sinuosidade do cérebro humano, iniciei escrevendo sobre os negros enquanto afirmava não ter preconceito racial, repudiarei tal parcialidade mesmo não afirmando, como fez Fernando Henrique, que tenho um pé na cozinha. Não conheço histórias familiares de mistura racial, embora não seja impossível que um antepassado senhor de engenho tenha rolado na cama ou no chão com uma deusa de ébano. Isso acontecia aos adolescentes e às babás. Há exemplos até hoje de episódios assim. Nunca experimentei ou fui experimentado por mulatas, negras, índias ou orientais de diversas categorias. Isso faz parte dos adoradores do Viagra. Não, meus pés não resvalaram em aventuras assim, embora nada fizesse para evitá-las. Devo deixar bem claro, igualmente, que não conservo e não tive atração especial por outras raças, embora eu mesmo não provenha de estirpe fixa, pois sou mistura não ortodoxa de uma porção delas, a partir da Espanha e, quem sabe, dos mouros, a família de meu pai nunca teve preocupação com árvores genealógicas. Não se afirme, portanto, que sou racista. Seria o mesmo que pretender, um cão de rua, separar cachorros de exposição, procurando misturar-se nestes.

A maioria das negras exibe seios grandes e coxas largas, pernas terminando em canelas finas, aspecto que para muitos é elegante. Sempre apreciei arredondamentos suaves e discretamente afunilados enquanto em direção aos pés.

A imaginação pode levar a caminhos insuspeitados. Passei de um Ministro da Suprema Corte ao julgamento de uma pessoa da Santíssima Trindade. Descrevo em seguida os atrativos da mulata brasileira, atividade descosida, sim, mas proposital, na medida em que advinda desorganizadamente de fluxo intermitente de pensamento. Fabuladores são assim, uma ideia atrai outra, sem nexo aparente.

Retorne-se a Jesus Cristo e a Pôncio, o Pilatos, mais aos executores do vaticínio, lutando os derradeiros contra milenárias e injustas acusações. Negar responsabilidades é tarefa complexa que não resolve questões relevantes. Fui ensinado a acreditar na história, enquanto criança. Conceitos religiosos levam a humanidade, paradoxalmente, a escaramuças violentíssimas havidas em várias partes do mundo, isso não é novidade. O catolicismo, a par de outras crendices, trabalha fundamentalmente com a culpa, aproveitando padrões inculcados no próprio nascituro.

XXXVI

Falando ou escrevendo sobre romances passados em Roma, Veneza e outras plagas, não me esqueço de dizer que vivi espetáculo apaixonante em Paris, junto à Notre Dame. Havia retratistas à frente de banquinhos destinados a quem quisesse posar. Eu passava quando vi uma linda moça, não jovem em demasia mas elegantemente penteada e vestida, sentada numa daquelas cadeirinhas enquanto o artista a copiava. Captei o retrato tomando forma aos poucos; a modelo não se via, apenas me olhava por trás do profissional. A certa altura, a personagem sorriu. O artista, carvão na mão, captou aquele riso com rara felicidade. Terminado o trabalho, o desenho ficou ali, pois a retratada o achou muito caro. Comprei-o sem grande resistência do autor, acompanhei-a ao longe e a alcancei na portaria do hotel simples que a hospedava. Ofereci-lhe o retrato. Tentei um francês passável, coisa de Colégio de Padre, mas logo nos entendemos. A interlocutora, espanhola, e eu, neto de catalão, tínhamos de um lado a origem e de outro a ascendência, bastava prender a língua entre os lábios, dava tudo certo. Passamos semana maravilhosa na França. Deixei-a por lá. Trouxe comigo, dentro de um tubo, o retrato e seu sorriso. Nunca, mas nunca mesmo, vi risada igual, rica mistura de afeto, carência e sensualidade. Casada sim, e muito bem, diga-se de passagem, mas, no fundo, creio que toda mulher, por honesta que seja, deve levar consigo, uma vez só, convenha-se, o segredo da traição. Há de ser um acontecimento muito bom, a guardar ciosamente na mais secreta repartição da memória. Certa vez, em Frascatti, cidadezinha italiana onde se produz vinho do mesmo nome, fui a uma taberna cheia de gente por todos os cantos. Havia uma grande mesa, sentavam-se os visitantes em compridos bancos, bebiam o vinho da casa e devoravam várias espécies de queijo. Na parede, toda sorte de assinaturas e frases em muitas línguas estava perenizada. Peguei um dos pincéis postos de propósito numa caixa de madeira rústica e escrevi:

> "Guarda bem os teus afetos
> Na gaveta mais secreta do teu quarto.
> Guarda-os, fecha-os a sete chaves
> E joga as chaves no mar.
> Não os perca. No fim de tudo, são
> O que resta a nos manter vivos."

Verdade ou mentira? Disse-me um amigo que o escrito ainda está lá, pois na Itália a tintura, o afresco e a pichação têm sido visto como legados antigos, não se corre o risco, por exemplo, de esconder, sob camadas novas, murais pintados por Max Ernst num canto da casa de Paul Éluard, construída ou reformada para o casal. A propósito, num dos cômodos deixados meio destruídos pelo vulcão em Pompeia havia um buraco na parede. Uma falha de argamassa naquelas ruínas, em si, é intocável. Na exata expressão da palavra, é tombada com o remanescente, não há quem possa consertar. Escrevi uma longa carta, em português certamente, jogando-a dentro do orifício, como se faria numa caixa de Correio. Aquilo contém um pouco dos meus mistérios, não se assustem, é a porção contável, nada parecido aos hieroglifos decifrados por Champollion na Pedra da Roseta, não sou metido nem paranoico, mas seria interessante encontrar aquilo ainda legível daqui a meio milênio, obrigando-se os lexicógrafos a decifrarem o arcaísmo, sem grande esforço. Cinco séculos são perfeitamente enfrentáveis pelos historiadores. Haveriam de dizer palavrões (os palavrões fazem parte do presente, passado e futuro), tenho uma letra miúda que nem eu mesmo consigo entender, mas quem decifrou os egípcios enfrentaria o Paulo Sérgio com um piparote, rindo bastante enquanto lendo a tragicomédia posta no texto, nada assemelhado a Homero ou Horácio, mas legível e merecendo preservação... verdade ou mentira? Realidade ou fabulação de um não amadurecido homem-menino, procurando afanosamente a esfinge que não aparece nunca, a mulher gigante, talvez, ou a espanhola a ser desvendada na Notre Dame, sem desdenhar a fabulação do encontro com a importante dama norte-americana, amante elegante a ponto de não comer hambúrguer ou mascar chicletes, qual a verdade contida naquilo tudo? Imaginação fértil sempre tive, criminalista sem imaginação é pior que poesia concreta, vai como veio, sou um inventor de sonhos privilegiado por sonhar em vigília, um trovador reagente à ameaça das vozes metálicas, videoconferências, células-tronco, genomas, conquista do espaço, copista, quem sabe, pois nunca havemos de conseguir sonhos originais, todas as introspecções se põem há muito nos arquivos do imaginário, manipulador da ira, amor, medo e dever, sempre disposto ao desfrutamento da vida, embora querendo morrer, eis novamente o binômio dos contrários, quem não o imagina eventualmente? Depende muito da sorte, ou do azar, viver mais ou viver menos, mas sempre partir, cada qual a seu tempo? É como a estatística envolvendo a frequência da cara-coroa na moeda atirada ao léu, dificilmente perco o jogo na melhor de três, encontrei uma forma de impulsionar as volutas e recolher o níquel na hora adequada, não perco na "porrinha" nem na "chapinha". Em moço, atravessava túneis sem combustível no tanque do carro velho, não corro tais riscos hoje em dia. A velhice acicata os medos. Continuo, entretanto, um mistificador convicto, espécie masculina de "Alice no País das Maravilhas", ou até do "Chapeuzinho Vermelho" (bem macho, não me entendam mal), disputando com o lobo a saber quem vence, o lobo é sádico, ocasionalmente troco de papéis, eu sou o predador, não obrigatoriamente o carregador da cestinha de guloseimas, eu sou o lobo mau, lobo mau, lobo mau, eu pego o chapeuzinho pra fazer mingau, que música sofisticada cantam as garotinhas, não sabem que ali residem partes substanciais da tragédia humana, a bondade, a morte, Deus e o demônio juntos, um (o chapeuzinho) entrando no bosque confiante no caminho, outro escondido atrás das árvores aguardando a incauta criança, a avozinha lá adiante, pronta a ser devorada, acreditando que o lobo é a netinha, depois vêm os salvadores, nós somos os caçadores, nada nos amedronta, e assim por diante, o céu, purgatório e o inferno juntos, tríade inseparável a povoar os sonhos do apavorado intérprete. Li em Hermann Hesse ("O Livro das Fábulas") muitas histórias. Não houve a que me encantasse demasiadamente, pois nunca tratavam o drama na pureza da tragédia e a comédia na imensidão da alegria. Um trecho, apenas, daquela sucessão de crônicas, me impressionou. Veio em alemão. Não o domino. Dizia assim:

> Innsbruck, ich muss dich Lassen,
> Ich fahr dahin meine Strassen,
> Ins fremde Land dahin...
> Mein Freud ist mir genommen,
> Die ich nit weiss bekommen,
> Wo ich im Elend bin.
>
> Gross Leid muss ich jetzt tragen,
> Das ich allein tu klagen,
> Dem Liebsten lass mich Armen
> im Herzen dein erbarmen
> dass ich muss dannen sein!
>
> Mein Trost ob allen Weiben,
> Dein tu ich ewig bleiben,
> Stet, true, der Ehren frumm;
> Nun muss dich Gott bewahren,
> in aller Tugend sparen,
> bis das ich weider kumm!

Ou seja: — "Innsbruck, devo deixar-te\ E seguir o meu caminho\ Para terras estranhas...\ Minha alegria morreu\ E nem sei como suportar\ A aflição em que estou.\ Grande mágoa em mim carrego\ Que eu só lamento e confesso\ À adorada amante minha;\ Ah, querida deste coitado\ Em teu coração se condoa\ Porque tenho de partir\ Meu consolo, apesar de outras mulheres, \É que serei eternamente teu,\ Sempre fiel e devotado à honra.\ E

Agora que Deus te abençoe\ E te conserve toda a virtude\ Até que eu volte outra vez.".

Devo partir, Innsbruck?* É hora de procurar a mulher-gigante, esperando à porta da caverna que ela apareça e me traga seus carinhos? Ou devo penetrá-la na escuridão de labirinto não visitado, satisfazendo a curiosidade imensa do incurável fabulador?

Fim

---
* Innsbruck é o nome de tradicionalíssima cidade tirolesa.

Letras do Pensamento

Editora Letras do Pensamento
www.letrasdopensamento.com.br

Esta obra foi composta em Candara e Countryhouse,
no formato 16 x 23 cm, mancha de 12 x 19 cm.
A impressão se fez sobre papel Couche,
para a Editora Letras do Pensamento